# FAMILLES
# POSÉES

# le guide de la Famille recomposée

SCÉNARIO : POTACHE
DESSINS : BORDIER
COULEURS : LEBEAU

VENTS D'OUEST

31-33, rue Ernest-Renan
92130 Issy-Les-Moulineaux
www.ventsdouest.com


Dépôt légal : décembre 2007
ISBN : 978.2.7493.0415.1
Achevé d'imprimer en France en décembre 2007
par Pollina - L21308

À QUI S'ADRESSE CE GUIDE ?
À CEUX ET CELLES QUI ONT DÉCOMPOSÉ RÉCEMMENT.
BEN, ROBERT, QU'EST-CE QUI T'ARRIVE ?
NAON, RIEN, C'EST MA FEMME QUI M'A SURPRIS AVEC LA SECRÉTAIRE...
?
...DU COUP ON A DÉCIDÉ DE SE DÉCOMPOSER UN PEU POUR FAIRE LE POINT...
À CEUX ET CELLES QUI ONT DÉJÀ RECOMPOSÉ.
BON, ALORS, ON VA S'ASSEOIR À TOUR DE RÔLE.
CEUX QUI N'ONT PAS DE PLACE COURENT DERRIÈRE LA VOITURE EN ATTENDANT LEUR TOUR...
QU'EST-CE QUI T'ARRIVE, CHÉRI, TU AS L'AIR DÉCOMPOSÉ ?
À CEUX ET CELLES QUI AIMERAIENT BIEN RECOMPOSER (RAPIDEMENT).
VOUS MONTEZ PRENDRE UN DERNIER VERRE ?
ENFIN, JE NE SUIS PAS CELLE QUE VOUS CROYEZ !
HEU... ET SINON, PASSER UN PETIT COUP D'ASPIRATEUR, LAVER LE LINGE, CHANGER LES GOSSES...
À CEUX ET CELLES QUI REGRETTENT D'AVOIR RECOMPOSÉ.
CHÉRI, JE SUIS ENCEINTE !!!
AH, ZUT, TREIZE À TABLE !
ÇA PORTE MALHEUR !
AUX MULTIRÉCIDIVISTES.
RIEN DE TEL QU'UN PETIT REPAS EN FAMILLE POUR FÊTER TON ARRIVÉE !
...LA CUISINE, C'EST AU FOND DU COULOIR !

1

C'EST QUOI UNE FAMILLE RECOMPOSÉE ?
SELON LA DÉFINITION DU PETIT ROGER, LE BEAU-FILS DU GRAND ROBERT, UNE FAMILLE RECOMPOSÉE EST UNE FAMILLE TRÈS COURAGEUSE VOIRE INCONSCIENTE QUI CONSIDÈRE QUE RÉCUPÉRER LES ENFANTS DE L'AUTRE NE SERA PAS UNE ENTRAVE À LEUR AMOUR. CES UTOPISTES PATENTÉS REVENDIQUENT LE PRÉCEPTE : "VIVRE D'AMOUR, D'EAU FRAÎCHE ET D'UNE MULTITUDE DE MARMOTS".
À L'ORIGINE, IL Y AVAIT L'HOMO SAPIENS ET LA FAMA SAPIENS... TOUS DEUX VIVAIENT TRANQUILLEMENT LEURS AMOURS CLANDESTINES.
ET QUAND EST-CE QUE TU PARLES À TA FEMME, GROUMPF ?
ENFIN, SAMANTHA MA CHÉRIE, TU SAIS BIEN QU'ELLE EST EN PLEINE DÉPRESSION... À LA PROCHAINE GLACIATION, JE LUI DIS TOUT. PROMIS.
PUIS UN JOUR ILS DÉCIDÈRENT ENFIN DE FAIRE GROTTE COMMUNE.
BON, GROUMPF, T'ES BIEN GENTIL MAIS FAUDRAIT VOIR À ME TAILLER UNE PIÈCE DE PLUS... RAPPORT À MES TROIS ENFANTS !
T'ES MALADE OU QUOI, SAMANTHA ? C'EST DU GRANIT MASSIF ! ET PIS, ILS PEUVENT PAS DORMIR AVEC LES DEUX MIENS, LES TROIS TIENS ?
C'EST ALORS QUE LES CHOSES COMMENCÈRENT VRAIMENT À TOURNER AU VINAIGRE !
M'ENFIN, GROUMPF, DIS QUELQUE CHOSE !!!
HEU... EXCUSE-MOI, SIDONIE, JE NE SUIS PAS TON PÈRE BIOLOGIQUE, MAIS J'ESTIME QUE TU FERAIS BIEN DE NE PAS SORTIR DANS CETTE TENUE !
QU'EST-CE QU'IL A, LE BEAU-PÈRE DES ÂGES FAROUCHES ? IL SE PREND POUR RAHAN OU QUOI ?!?
MAIS TRÈS VITE CHACUN APPRIT À VIVRE AVEC LES AUTRES ET TOUT RENTRA DANS L'ORDRE... DU MOINS JUSQU'AU MOYEN ÂGE.
M'ENFIN, JEHAN MON AMI, VOUS PERDOYEZ LA RAISON ? ON NE BRÛLE POINT SA BELLE-FILLE DE LA SORTE !
LA FERME, CUNÉGONDE... C'EST UNE SORCIÈRE ! CETTE VILAINE A FAIT EXPLOSER LA FACTURE DE TÉLÉPHONE !
... ET PUIS J'AI PLUS D'ALLUME-BARBECUE.
AVEC LE TEMPS, LA FAMILLE RECOMPOSÉE S'EST HEUREUSEMENT CIVILISÉE...
M'ENFIN, JEANNOT, T'ES PAS UN PEU MALADE ? ON NE FAIT PAS GRILLER SA BELLE-FILLE COMME ÇA AU MILIEU DE L'APPARTEMENT !
LA FERME, MONIQUE... C'EST UNE TERRORISTE DU PORTABLE, ELLE A ENCORE EXPLOSÉ SON FORFAIT ET LE MIEN AVEC !...
... ET PUIS DEHORS IL PLEUT...
CHARBON de BOIS
UNE FAMILLE RECOMPOSÉE EST UNE FAMILLE QUI CONNAÎT, MIEUX QUE LES AUTRES, LE PRIX DE SON BONHEUR. AU CENTIME PRÈS MÊME...
BEN ALORS, QU'EST-CE QUI NOUS ARRIVE CE MOIS-CI, MONSIEUR GROUMPF, ON VEUT BATTRE LE RECORD DU MONDE DE DÉCOUVERT ?
C'EST QUE J'AI TROIS FILLES ET TROIS BELLES-FILLES... EN TOUT ÇA FAIT SIX FORFAITS DE TÉLÉPHONE QUI EXPLOSENT EN MÊME TEMPS...
'FAUT COMPRENDRE !
BF
Banque du Flouze
2

COMMENT FAIRE UNE FAMILLE RECOMPOSÉE ?
IL FAUDRAIT DÉJÀ S'ENTENDRE SUR LA SIGNIFICATION EXACTE DU TERME. POUR QU'UNE FAMILLE SOIT RECOMPOSÉE, IL FAUT IMPÉRATIVEMENT LA COMPOSER UNE PREMIÈRE FOIS, LA DISSOUDRE (PAR EXEMPLE DANS L'EAU OU TOUT AUTRE LIQUIDE...), ENFIN LA COMPOSER DE NOUVEAU À PARTIR D'ÉLÉMENTS EXTÉRIEURS. ET C'EST LÀ QUE LES CHOSES SE GÂTENT...
AVANT DE POUVOIR RECOMPOSER TRANQUILLEMENT, IL FAUT HÉLAS DÉCOMPOSER...
CHÉRIE, NE LE PRENDS PAS MAL MAIS... JE TE DÉCOMPOSE !
RHAAA!!! JE LE SAVAIS BIEN QUE TU COMPOSAIS AVEC TA SECRÉTAIRE... ESPÈCE DE
PUIS VIENT LE MOMENT TELLEMENT ATTENDU DE LA RECOMPOSITION...
CHÉRIE, SI ON COMPOSAIT UN PEU AVANT DE DORMIR ?
NON, PAS CE SOIR, JE SUIS TOTALEMENT DÉCOMPOSÉE...
MAIS ATTENTION, QUI DIT FAMILLE RECOMPOSÉE, DIT ÉGALEMENT COEFFICIENT MULTIPLICATEUR...
AU FAIT, SAMANTHA, MAINTENANT QUE TU ES ENCEINTE, J'AI UN DOUTE : JE T'AI PRÉSENTÉ LES TRIPLÉS ?
QUOI ?!? TU VEUX DIRE QUE TES JUMEAUX ONT DES FRÈRES... MAIS QUE VONT DIRE MES QUINTUPLÉS ?
... CE QUI N'EST PAS FORCÉMENT UN BON CALCUL...
AH, CHOUETTE, UN BUFFET FAMILIAL, J'ADORE ÇA !
FAIS GAFFE, LA DERNIÈRE FOIS ÇA NE T'A PAS RÉUSSI, LA FORMULE À VOLONTÉ...
Le Midi : buffet familial À VOLONTÉ !
COMPOSEZ VOUS-MÊME VOTRE FAMILLE
POUR FAIRE UNE VRAIE FAMILLE RECOMPOSÉE, IL SUFFIT D'UN PEU DE PATIENCE...
VOUS ÊTES MARIÉS DEPUIS COMBIEN DE TEMPS ?
DÉJÀ SIX MOIS !
ET VOUS AVEZ DES ENFANTS ?
DOUZE. ET ENCORE, ON N'A PAS FORCÉ !
... BIEN SÛR IL N'Y A AUCUNE LIMITE À L'EXERCICE ET ON PEUT RE-DÉCOMPOSER À VOLONTÉ !
PUISQUE C'EST COMME ÇA ON RETOURNE CHEZ MA MÈRE ! ... VENEZ, LES ENFANTS !
PAS DE PROBLÈME !
TIENS, LES CLEFS DU BUS !
3

COMMENT DEVIENT-ON BEAU-PÈRE ?
CONTRAIREMENT AU BEAU-PÈRE QUE L'ON REÇOIT DE SA FEMME EN SE MARIANT, LE BEAU-PÈRE QUE L'ON DEVIENT EN SE REMARIANT N'EST PAS UNE CAUSE DE DIVORCE... SEULEMENT UN FACTEUR AGGRAVANT.
ON DEVIENT BEAU-PÈRE LORSQU'ON ÉPOUSE UNE FEMME QUI A DÉJÀ DES ENFANTS, IL FAUT DONC ÊTRE TRÈS PRUDENT...
DIS, EST-CE QUE TU M'AIMES ?
EUH... ÇA DÉPEND, TU AS COMBIEN D'ENFANTS DÉJÀ ?
ON NE DEVIENT PAS BEAU-PÈRE SEULEMENT PARCE QU'ON A SUBI UNE CHIRURGIE ESTHÉTIQUE.
MAIS QUI ÊTES-VOUS, MONSIEUR ?
SORTEZ OU J'APPELLE LA POLICE !
M'ENFIN, LES ENFANTS... C'EST MOI... C'EST PÔPA !
C'EST PÔ VRAI !... PÔPA IL EST ENCORE PLUS MOCHE QUE TOI !
EN REVANCHE, RIEN N'EMPÊCHE DE DEVENIR BEAU-PÈRE PAR ACCIDENT...
BONNE NOUVELLE, ROBERT, MON MARI A TOUT DEVINÉ. TU VAS ÊTRE BEAU-PAPA !
ENFIN, DÈS QUE TU SORTIRAS DE L'HOPITAL...
KILL
MAIS IL EST COMMUNÉMENT ADMIS QU'ON NE DEVIENT PAS BEAU-PÈRE SANS CONTRE-PARTIE...
MONSIEUR, J'AI L'HONNEUR DE VOUS DEMANDER LA MAIN DE VOTRE FILLE...
!
OUI, BEN TANT QUE VOUS Y ÊTES, PRENEZ ÉGALEMENT CELLE DE MON PETIT-FILS, LA JAMBE DE SON FRÈRE ET LE BRAS DE SA SOEUR ...ET PARTEZ LE PLUS LOIN POSSIBLE !!!
PAR CONTRE, POUR LA MAISON, VOUS POUVEZ TOUJOURS RÊVER !
DEVENIR BEAU-PÈRE EST PARFOIS UNE VOCATION QUI APPARAÎT TRÈS TÔT...
ON JOUE AU BEAU-PAPA ET À LA BELLE-MAMAN ...CHEZ LE DOCTEUR ?
T'ES FOU, PAS DEVANT LES ENFANTS !!!
GRÂCE À L'ÉVOLUTION DES MOEURS ET AU PROGRÈS TECHNIQUE, ON PEUT DEVENIR BEAU-PÈRE AVANT MÊME D'ÊTRE PÈRE TOUT EN ÉTANT PAS VRAIMENT BEAU.
AU FAIT, CASI, J'AI OUBLIÉ DE TE DIRE : J'ACCOUCHE DEMAIN, TU VAS ÊTRE BEAU-PÈRE...
MAIS COMMENT EST-FE POFFIBLE EFMERALDA ...ON FE CONNAÎT À PEINE DEPUIS DEUX VOURS !
F'EST UN VENRE DE MIRACLE, ALLONS FONNER LES CLOFFES !!!
4

COMMENT DEVIENT-ON BELLE-MÈRE ?
SI L'ON S'EN RÉFÈRE À LA DÉFINITION PRÉCÉDENTE AINSI QU'À L'ÉGALITÉ DES SEXES, IL N'Y A AUCUNE RAISON QUE LES FEMMES NE SOIENT PAS LOGÉES À LA MÊME ENSEIGNE QUE LES HOMMES. LA BELLE-MÈRE, ÉGALEMENT APPELÉE MARÂTRE, L'EST DEVENUE, NON PAR TRANSMISSION AUTOMATIQUE, MAIS PAR CHOIX DÉLIBÉRÉ. CECI, VOUS EN CONVIENDREZ, CHANGE PAS MAL DE CHOSES !
DEVENIR BELLE-MÈRE DEMANDE DE GROS EFFORTS DE PERSUASION CAR LA PLUPART DES HOMMES SONT "ASSEZ" RÉTICENTS SUR LE SUJET.
MAIS DIS-MOI, SAMANTHA, UN DOUTE M'ASSAILLE : SI JE T'ÉPOUSE, TU DEVIENS BELLE-MÈRE DE MES ENFANTS... AVEC TA MÈRE, ÇA ME FERA DEUX BELLES-MÈRES...
SANS PARLER DE MON EX... DE BELLE-MÈRE...
!
?
!
MALHEUREUSEMENT, S'IL EXISTE DES CONCOURS DE BELLE FEMME, IL N'EXISTE AUCUN CONCOURS DE BELLE-MÈRE...
BELLE-MÈRE de FRANCE
LA CANDIDATE 38 : GINETTE LEGNIDU ET SES QUATRE ENFANTS INSUPPORTABLES ... DEUX FOIS CHAMPIONNE DU LIMOUSIN !
39
36
EN REVANCHE ON PEUT PARFAITEMENT ENVISAGER DE DEVENIR BELLE-MÈRE SUR UN CONCOURS... DE CIRCONSTANCES MALHEUREUSES.
ET LE GROS LOT EST ATTRIBUÉ À... GINETTE LEGNIDU !
J'AI TOUJOURS EU DE LA CHANCE AU JEU...
TU SAIS CE QU'IL TE DIT, LE GROS LOT ?
36
MAIS PAS QUESTION D'IMAGINER DEVENIR BELLE-MÈRE SANS UNE SOLIDE FORMATION.
LEÇON N°2 : COMMENT PRÉPARER UN POULET GRILLÉ POUR DOUZE ENFANTS, SACHANT QU'IL N'Y A QUE DEUX CUISSES ?
Mathématiques :
Une machine à laver 17 kgs met 1h30 pour effectuer un cycle complet. Combien faudra-t-il de lessive pour éliminer les taches sachant que la famille comporte 5 garçons et 4 filles ?
SILENCE AU FOND !!!
CAR LA BELLE-MÈRE, CONTRAIREMENT AU BEAU-PÈRE, NE POSSÈDE PAS QUE LE TITRE, ELLE DOIT AUSSI ASSUMER LA FONCTION.
T'AS PAS CINQ EUROS ?
J'AI FAIM !!!
PIPI !
ELLE EST FROIDE !
ELLE EST TROP CHAUDE !!!
J'AI SOIF !!!
J'PEUX SORTIR CE SOIR ?
CHÉRIE... T'AS PAS VU MA CRAVATE MICKEY ?
RASSUREZ-VOUS, TOUT N'EST PAS SI NOIR DANS CE TABLEAU. IL EXISTE DE NOMBREUX POINTS POSITIFS : PAR EXEMPLE, LA FUTURE BELLE-MÈRE PEUT COMPTER SUR UNE RIBAMBELLE D'ENFANTS DE CHOEUR LORS DE SON MARIAGE ET PEUT MÊME ESPÉRER SE MARIER EN BLANC SI ELLE LE DÉSIRE... DU MOMENT QUE C'EST ELLE QUI FAIT LA LESSIVE APRÈS.
5

COMMENT FONDER UNE PREMIÈRE FAMILLE ?
CETTE QUESTION EXISTENTIELLE HANTE LES HOMMES DEPUIS LA NUIT DES TEMPS. LES FEMMES QUANT À ELLES NE LE SONT -HANTÉES- QUE DEPUIS L'AUBE DE L'HUMANITÉ. C'EST SANS DOUTE À CAUSE DE CE LÉGER DÉCALAGE HORAIRE QUE TOUT NE VA PAS POUR LE MIEUX DANS LE MEILLEUR DES MONDES.
POUR FONDER UNE FAMILLE, IL CONVIENT TOUT D'ABORD, LORSQU'ON EST UN HOMME, DE POSSÉDER QUELQUES ATOUTS INDISPENSABLES.
BONJOUR, JE M'APPELLE STEEVE, J'AI UNE GROSSE VOITURE, UNE CARTE DORÉE, DES STOCKS OPTIONS...
VOULEZ-VOUS M'ÉPOUSER ?
OOOH, STEEVY, C'EST TELLEMENT ROMANTIQUE !!!
HILTON
LORSQU'ON EST UNE FEMME, LES CHOSES SONT UN PEU DIFFÉRENTES...
BONJOUR, JE FAIS DU 95 D ET...
CHUUUT !... DÈS QUE J'AI CROISÉ VOTRE... EUH... REGARD, J'AI SU QUE VOUS ÉTIEZ LA FEMME DE MA VIE !!!
UNE FOIS LES DEUX PROTAGONISTES RÉUNIS, IL FAUT QU'ILS S'ADDITIONNENT.
EUH...
BEN, C'EST MAL BARRÉ POUR LA MULTIPLICATION !
Steevy + Lulu =
PUIS, DANS LA FOULÉE, ILS SE MULTIPLIENT CONSCIENCIEUSEMENT...
RAAAAH !!!
TU LE SENS, MON GRAND COEFFICIENT MULTIPLICATEUR ?
HEU... C'EST-À-DIRE... JE N'AI JAMAIS ÉTÉ TRÈS DOUÉE EN CALCUL MENTAL !
ON PEUT ÉVENTUELLEMENT SE SOUSTRAIRE À CERTAINES DE CES OBLIGATIONS, MAIS C'EST RISQUÉ...
HEU, DITES, ÇA VOUS DÉRANGE SI ON PASSE DIRECTEMENT À LA MULTIPLICATION AVANT DE S'ADDITIONNER ?
NON MAIS DITES DONC, VOUS M'AVEZ BIEN CALCULÉE, LÀ ?!
MAIS C'EST SEULEMENT UNE FOIS CES FORMALITÉS ACCOMPLIES QU'ON POURRA ENFIN SE DIVISER.
PUISQUE C'EST COMME ÇA, JE RETOURNE CHEZ MA MÈRE... MAIS JE GARDE LA VOITURE, LES TROIS QUARTS DE L'APPARTEMENT, LE TIERS DE LA TÉLÉ ET LA MOITIÉ DU CHIEN !
EUH... DONC, MATHÉMATIQUEMENT NOUS SOMMES BIEN DIVISÉS, NON ?
?
6

LES STYLES DE BEAU-PÈRE
IL EST CURIEUX DE CONSTATER QUE S'IL N'EXISTE PAS DE BEAU-PÈRE IDÉAL, ON TROUVE EN REVANCHE DE NOMBREUX "BOULETS" À CE POSTE. EST-CE LA FONCTION QUI VEUT ÇA ? DEVIENT-ON PÉNIBLE PARCE QU'ON EST BEAU-PÈRE, OU EST-ON DEVENU BEAU-PÈRE À FORCE D'ÊTRE PÉNIBLE ?
BEAU-PAPA POULE : IL N'Y A PAS D'ÂGE LIMITE POUR COUVER SES PETITS.
BENJAMIN, METS TON BONNET, N'OUBLIE PAS TON ÉCHARPE, MOUCHE TON NEZ ET FAIS ATTENTION EN TRAVERSANT !
MAIS... ON EST EN JUILLET ET IL FAIT 35° DEHORS !
INSTITUTEUR : MÉTHODE GLOBALE OU SYLLABIQUE ? IL CHOISIT LA MÉTHODE ORGANISATION OPTIMALE.
DEUX CAMEMBERTS, VIRGULE. TROIS PAQUETS DE COQUILLETTES... CO-QUI-LLAI-TEUESSSSSS...
BENJAMIN, ARRÊTE DE COPIER !
ADJUDANT-CHEF : UNE FAMILLE C'EST COMME UN RÉGIMENT.
IL EST L'HEURE D'ALLER AU PIEU, TAS DE LOPETTES !
À MON COMMANDEMENT HAOÜUUU !!!
CHEF ! OUI, CHEF !!!
CHEF SCOUT : ROI DU COUTEAU SUISSE ET DES WEEK-ENDS SOUS LA TENTE.
BON, LOUVETEAU CRASSEUX ET ÉCUREUIL POISSEUX : CORVÉE DE BOIS !
BANANE BLETTE ET CAMEMBERT PÉRIMÉ : VOUS MONTEZ LA TENTE !!!
QU'EST-CE QU'IL RACONTE, BEAU-PÈRE RELOU ?
J'EN SAIS RIEN, MAIS SES PSEUDOS, ILS SONT MOISIS !
SPORTIF : UNE GRANDE FAMILLE, C'EST L'ÉQUIPE IDÉALE...
CHÉRIE, TU CROIS QUE LE PETIT SERA OPÉRATIONNEL POUR LE TOURNOI DE CET ÉTÉ ?
NAN, PARCE QU'IL ME MANQUE ENCORE UN REMPLAÇANT !

LES STYLES DE BELLE-MÈRE
LOINTAINE PARENTE DE LA "BELLE-DOCHE", LA BELLE-MÈRE DE FAMILLE RECOMPOSÉE N'EN A PAS ENCORE TOUS LES "DÉFAUTS", ENCORE QUE...
LA CUISINIÈRE.
JE VOUS RECOMMANDE LE PLAT DU JOUR : STEACK HACHÉ SAUCE GRAND VENEUR ET SA FARANDOLE DE POMMES ALLUMETTES...
IL EST COMMENT, VOTRE JAMBON-COQUILLETTES ?
LA MANIAQUE.
...ET C'EST PAS UNE RAISON POUR OUBLIER LES PATINS !!!
LA BRICOLEUSE : ELLE ADORE LES WEEK-ENDS PLUVIEUX.
CHOUETTE, IL PLEUT ! ON VA POUVOIR TERMINER LA CONSTRUCTION DE NOTRE MAISON DE POUPÉE EN BOÎTES À CAMEMBERT ET PAPIER CRÉPON. APRÈS ON ATTAQUERA LE CHÂTEAU-FORT EN POTS DE YAOURT ET ÉPLUCHURES !
COOL.
L'ÉCLATE...
C'EST RIEN DE LE DIRE !
LA BONNE COPINE : NOSTALGIQUE DE SON ADOLESCENCE.
WAOOO!!! LOL !
...TROP COOL, TON PETIT HAUT, TU ME LE PRÊTES ?!? ...MDR !
C'EST QUI C'TE FOLLE ?
LAISSE, C'EST MA BELLE-DOCHE QUI FAIT SA CRISE D'ADO !
LA BOULIMIQUE : RIEN NE TARIT SON APPÉTIT DE GROSSESSES.
CHÉRI, SI JE TE DIS QUE J'EN REFERAIS BIEN "UN PETIT DERNIER POUR LA ROUTE", TU RÉPONDRAIS QUOI ?
... HEU... QU'ON VA FINIR PAR AVOIR UN PROBLÈME DE VOITURE !
MATERNITÉ
BIIIP !
8

LES DIFFÉRENTES COMBINAISONS POSSIBLES
COMME DANS LE KAMA-SUTRA, IL EXISTE DE NOMBREUSES VARIANTES POUR ÉGAYER VOTRE VIE DE COUPLE DANS UNE FAMILLE RECOMPOSÉE... MAIS C'EST BIEN LÀ L'UNIQUE COMPARAISON.
L'UN DES MEMBRES DU COUPLE A UN ENFANT.
CHÉRI, JE TE PRÉSENTE MON FILS !
MAIS HEU... TU M'AVAIS PAS PARLÉ D'UN ENFANT ?
FUCK.
CHACUN EN A UN.
BEN C'EST PAS GAGNÉ, NOTRE AFFAIRE...
TU DIS ÇA PARCE QUE MA FILLE PREND LE DESSUS !
?
L'UN DES MEMBRES EN A BEAUCOUP... BEAUCOUP TROP.
MAIS DIS-MOI, TU T'ES MARIÉ COMBIEN DE FOIS ?!?
BEN, UNE SEULE, POURQUOI ?
TÛT ! TÛT !
?
CHACUN EN A PLUSIEURS DE SEXES DIFFÉRENTS.
AVEC TOUTES CES FILLES, ÇA VA PAS ÊTRE SIMPLE D'ACCÉDER À LA SALLE DE BAIN !
HEUREUSEMENT, AVEC TES GARÇONS ÇA NE DEVRAIT PAS POSER DE PROBLÈME ...
GRAT
CHACUN EN A BEAUCOUP ...
TU PEUX ME PASSER LE SEL ?
QUELLES BRETELLES ?
OUINNNNNN !!!
SLURP ! SLURP ! SLURP !
... ROT' !
OH !
HA ! HA ! HA !
CRONCH CRONCH
CRONCH
...ET COMPTE EN AVOIR D'AUTRES !
ET SI ON FAISAIT UN BÉBÉ ?
QUELLE TÉLÉ ?

COMMENT ANNONCER LA NOUVELLE ?
ILS ONT BEAU NE PLUS CROIRE AU PÈRE NOËL DEPUIS LONGTEMPS, IL FAUDRA BIEN TROUVER UN MOYEN D'ANNONCER À SES ENFANTS QU'ON VA RECOMPOSER LA FAMILLE.
LA MÉTHODE DITE DU "DÉCOLLAGE DE PANSEMENT".
LES FILLES, J'AI DEUX NOUVELLES. JE COMMENCE PAR LA BONNE : RENÉ ET MOI ALLONS NOUS MARIER. IL A QUATRE GARÇONS FANS DE FOOTBALL ET DE TUNING...
BON VOILÀ, ÇA C'EST FAIT. ON PASSE À LA MAUVAISE NOUVELLE.
LA MÉTHODE DITE DE "LA SURPRISE DU CHEF".
PAPA... PAPA... Y'A PLEIN DE GENS DANS MA CHAMBRE !!!
AH... ÇA... C'EST RIEN, CE SONT TES NOUVEAUX FRÈRES ET SOEURS !
LA MÉTHODE POLITIQUE.
RÉPUBLIQUE FAMILIALE
CONFÉRENCE de PRESSE
RF
MES CHERS ENFANTS, MA CHÈRE PROGÉNITURE. JE SERAI FRANC, JE N'IRAI PAS PAR QUATRE CHEMINS... J'AI DÉCIDÉ DE DISSOUDRE LA FAMILLE ET DE RECOMPOSER !
?
LA MÉTHODE POÉTIQUE.
TU SAIS, BENJAMIN, LORSQUE LA PETITE ABEILLE DÉPOSE LA GRAINE DANS LA FLEUR, IL ARRIVE QUE PARFOIS UNE AUTRE ABEILLE SOIT DÉJÀ PASSÉE PAR LÀ... ON SE RETROUVE ALORS AVEC PLEIN DE PETITES LARVES QUI GROUILLENT PARTOUT...
C'EST CE QUI NOUS ARRIVE AVEC THÉRÈSE, TU COMPRENDS ?
Y'A QU'À ACHETER DE L'INSECTICIDE !!!
LA MÉTHODE DE LA CORRUPTION ACTIVE.
BON, LES GARS, THÉRÈSE ARRIVE DANS UNE HEURE AVEC SES DEUX ENFANTS. JE COMPTE SUR VOUS POUR LUI RÉSERVER UN BON ACCUEIL...
À CE PRIX-LÀ, JE PRÊTE PAS MES JOUETS !
10

COMMENT ANNONCER À SON COMPAGNON (SA COMPAGNE) QU'ON A DÉJÀ 18 ENFANTS ?
IL N'EST PAS TOUJOURS FACILE, LE PREMIER SOIR, D'ANNONCER À L'AUTRE QUE SI L'ON EST CÉLIBATAIRE, ON N'EST PAS SI LIBRE QUE ÇA POUR AUTANT. POUR CEUX QUI AURAIENT RATÉ LE COCHE, VOICI QUELQUES ASTUCES POUR (TENTER DE) RATTRAPER LE COUP...
LA SURPRISE DU CHEF.
TU AIMES LES SURPRISES ?
OUIIIIIHI HIII !!!
TANT MIEUX.
?
!
?
LA MÉTHODE HOMÉOPATHIQUE.
ET ÇA DONC, C'EST LA CHAMBRE DES ENFANTS !
ENCORE !!! MAIS ÇA FAIT CINQ CHAMBRES D'ENFANTS... C'EST PAS UNE MAISON, C'EST UNE COLO !!!
LA "POSITIVE ATTITUDE".
CHÉRI, J'AI DEUX NOUVELLES : LA MAUVAISE C'EST QUE JE NE VEUX PAS D'ENFANTS. LA BONNE C'EST QUE J'EN AI DÉJÀ DOUZE !
HEU...T...TU PEUX RÉPÉTER LA BONNE NOUVELLE ?
LA MÉTHODE "JEU TÉLÉVISÉ".
L'HOMME DE MA VIE A... 3 ENFANTS, RÉPONSE A... 5 ENFANTS, RÉPONSE B... 18 ENFANTS MAIS CE N'EST PAS GRAVE, JE L'AIME QUAND MÊME, RÉPONSE C ...
QUI VEUT GAGNER DES MARMOTS
JE CHOISIS LE COUP DE TÉLÉPHONE À UN AVOCAT.
LE COUP DE LA MÉMOIRE SÉLECTIVE.
M'ENFIN, JEUNES GENS, UN PEU DE TENUE, NOUS N'AVONS PAS ÉTÉ PRÉSENTÉS !...
PAPAAA !!!
P'PA !
PAPA !!!
LA CHARADE.
MON PREMIER EST UN HOMME.
MON DEUXIÈME A 18 ENFANTS.
MON TROISIÈME NE SAIT PAS COMMENT L'ANNONCER À SA FUTURE FEMME.
ET MON TOUT EST... EST...
UN BARATINEUR QUI VIENT DE SE FAIRE PLAQUER !
11

LE JOUR OÙ LES ENFANTS SE RENCONTRENT
LA PREMIÈRE RENCONTRE EST TOUJOURS INOUBLIABLE, SURTOUT LORSQU'ELLE N'EST PAS LA DERNIÈRE...
D'ABORD IL FAUT TROUVER UN ENDROIT NEUTRE.
POUF! PIF PAF
BLAM BLAM
PIF! PAF!
KNOCK!
TU ES SÛR QUE C'ÉTAIT LE MEILLEUR ENDROIT POUR FAIRE LES PRÉSENTATIONS ?
ÉVIDEMMENT, REGARDE COMME ILS APPRENNENT BIEN À SE CONNAÎTRE !!!
CHOISIR UN ARBITRE EN DEHORS DE LA FAMILLE...
STOOOOOP, ON NE MORD PAS LA TÊTE DE SA DEMI-SOEUR!!! CARTON ROUGE!!!
MAIS ELLE, C'EST PAS MA DEMI-SOEUR, C'EST MA SOEUR "ENTIÈRE"!
TRiiii
...POUR ÊTRE CERTAIN DE SON IMPARTIALITÉ.
AH, DANS CE CAS-LÀ D'ACCORD, JE RETIRE LE CARTON !
FAIS TOUT DE MÊME ATTENTION À NE PAS ABÎMER TON APPAREIL DENTAIRE!
ON PEUT, PAR EXEMPLE, ORGANISER UNE GRANDE FÊTE AUTOUR D'UN BON REPAS.
BIENVENUE DANS NOTRE NOUVELLE MAISON !
ET ATTENTION, JE VIENS JUSTE DE TERMINER LES PEINTURES!
WELCOME!
MAIS ÇA NE MARCHE PAS À TOUS LES COUPS...
JE T'AVAIS DIT D'ÉVITER LES PETITS SUISSES ET LA PURÉE!
DE TOUTE FAÇON, JE N'ÉTAIS PAS FAN DE TON CRÉPI !
WELCOME

DE QUOI LA NOUVELLE FAMILLE SE COMPOSE-T-ELLE ?...
COMME LE FAISAIT FORT JUDICIEUSEMENT REMARQUER SAINT JACQUES DE RETOUR DE SES VACANCES EN FAMILLE À COMPOSTELLE : « PUISQU'ON NE CHOISIT PAS SA FAMILLE, ON DEVRAIT POUVOIR EN CHANGER ! »
DE DEMI-FRÈRES ET SOEURS.
BENJAMIN... LÂCHE IMMÉDIATEMENT CETTE TRONÇONNEUSE !
MAIS PAPA, FAUT BIEN LA DÉCOUPER POUR QU'ELLE DEVIENNE MA DEMI-SOEUR !
RRRRRRRR
HAAAAA
DE MOITIÉS DE GRANDS-PARENTS.
BEN PAPY, TU M'AS DONNÉ LA MOITIÉ DE MES ÉTRENNES, LÀ... C'EST ALZHEIMER OU TU NE SAIS PLUS COMPTER ?
BEN NON, MAIS VOUS ÊTES LE DOUBLE DE L'ANNÉE DERNIÈRE... J'PEUX PLUS SUIVRE...
DIDIOU !... DE MON TEMPS IL FALLAIT DIX ANS POUR FAIRE AUTANT D'GAMINS !!!
DE QUARTS D'ONCLES ET DE TANTES.
TU NE M'AVAIS PAS DIT QUE TU AVAIS AUTANT DE FRÈRES ET SOEURS...
BEN, QU'EST-CE QUE TU CROIS, MES PARENTS AUSSI S'ÉTAIENT REMARIÉS !
TÛT ! TÛT !
DE NOUVEAUX BEAUX-PARENTS... TRÈS ENTIERS.
MA PAUVRE CHÉRIE, TON NOUVEAU MARI EST ENCORE PLUS STUPIDE QUE L'ANCIEN !
TU AS DÛ HÉRITER DU MAUVAIS GOÛT DE TA MÈRE... J'VOIS PAS D'AUTRE EXPLICATION !
GLUPS !
D'ANCIENS AMIS.
JE NE COMPRENDS PAS, PLUS PERSONNE NE VIENT JAMAIS DÎNER CHEZ NOUS !
ÇA NE PEUT POURTANT PAS ÊTRE À CAUSE DE TA CUISINE !
SCHRRCH CRCHH
SCHRCHHH SCRCHHH
OUINNN
ARF.
BLA BLA BLA
13

PEUT-ON RECOMPOSER AVEC N'IMPORTE QUI ?
LORSQU'ON EST UN HOMME NORMALEMENT CONSTITUÉ, C'EST-À-DIRE AVEC UN SEXE ET PAS DE CERVEAU, IL EST POSSIBLE, QUELLE CHANCE, DE RECOMPOSER AVEC QUASIMENT TOUS LES ÊTRES VIVANTS.
UN HOMME PEUT FACILEMENT RECOMPOSER AVEC UNE FEMME.
DINGUE... JE NE ME SOUVENAIS PAS QUE C'ÉTAIT AUSSI FACILE. FINALEMENT, C'EST COMME LE VÉLO...
...FAUT S'ENTRAÎNER UN MINIMUM SI ON VEUT PROGRESSER !
ÉVENTUELLEMENT AVEC UN AUTRE HOMME, MAIS À CERTAINES CONDITIONS.
DÉSOLÉ, MARCEL, MAIS ÇA NE VA PAS ÊTRE POSSIBLE... RAPPORT À LA MOTO ET AUX ENFANTS !
M... MAIS JE PEUX MONTER UN SIDE !
EN REVANCHE ON PEUT RECOMPOSER AVEC DEUX FEMMES...
...ALORS, GINETTE GARDE LES ENFANTS ET PRÉPARE LE DÎNER, THÉRÈSE S'OCCUPE DES COURSES ET DU MÉNAGE...
MOI, J'VAIS AU STADE AVEC LES POTES !
...MAIS SEULEMENT EN RÊVE !!!
ATTENTION, ON PEUT ÊTRE SURPRIS SI ON RECOMPOSE AVEC UNE FEMME POLITIQUE.
COMMENT ÇA UN MEETING ? ...MAIS C'EST LE HUITIÈME CE MOIS-CI !
ET PIS D'ABORD JE CROYAIS QUE T'AVAIS PERDU !
LE TOP ÉTANT DE RECOMPOSER AVEC UNE CUISINIÈRE OU UNE GARDIENNE DE PRISON.
DOUZE ANS AUX CUISINES DE FLEURY-MÉROGIS : J'EN AI CONNU DES PLUS CORIACES !...
...MAIS ILS ONT TOUJOURS TERMINÉ LEURS ASSIETTES !
GLING
GLING
GLING
14

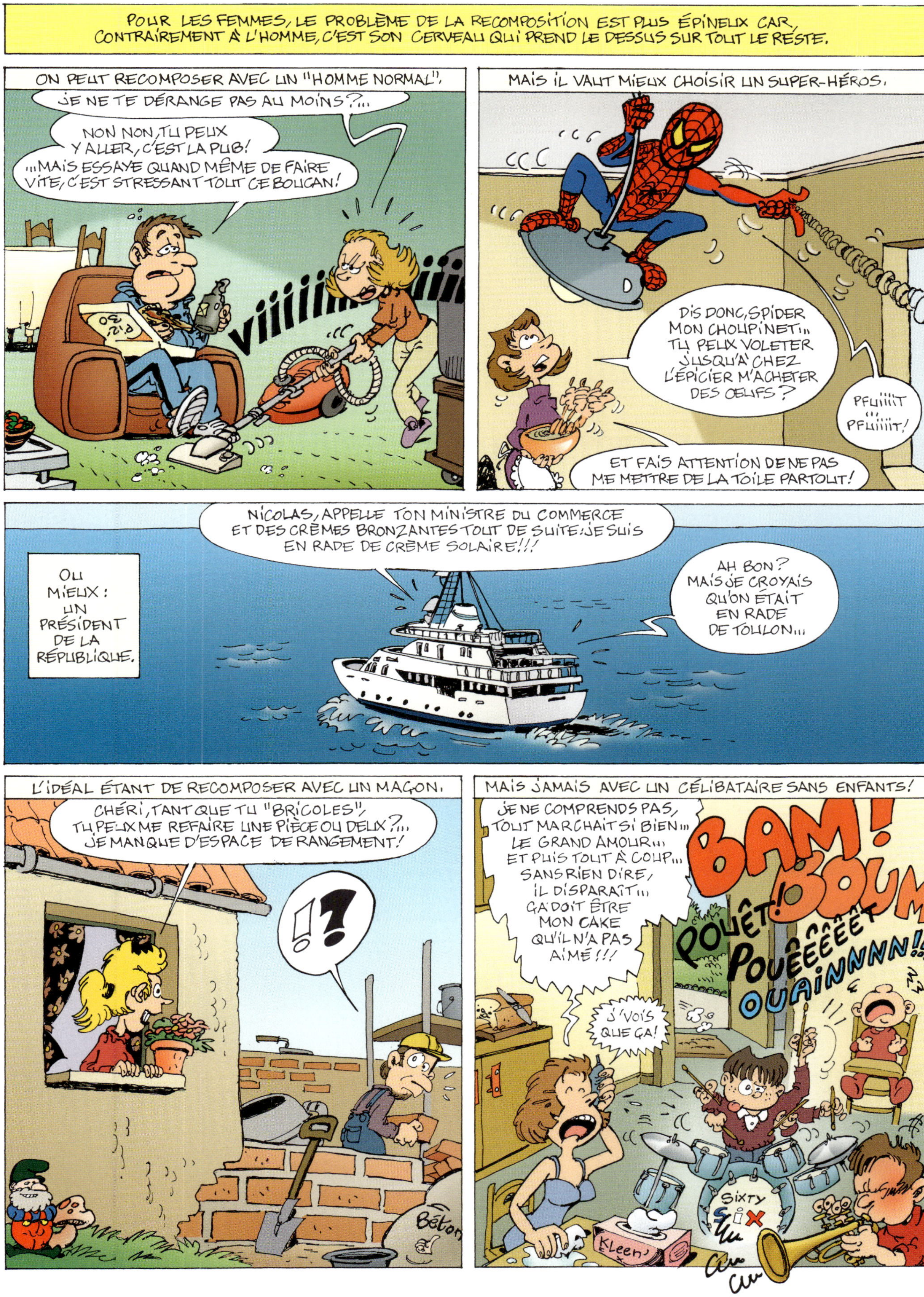

POUR LES FEMMES, LE PROBLÈME DE LA RECOMPOSITION EST PLUS ÉPINEUX CAR, CONTRAIREMENT À L'HOMME, C'EST SON CERVEAU QUI PREND LE DESSUS SUR TOUT LE RESTE.
ON PEUT RECOMPOSER AVEC UN "HOMME NORMAL".
JE NE TE DÉRANGE PAS AU MOINS ?...
NON NON, TU PEUX Y ALLER, C'EST LA PUB!
...MAIS ESSAYE QUAND MÊME DE FAIRE VITE, C'EST STRESSANT TOUT CE BOUCAN!
VIIIIIIIIIIII
MAIS IL VAUT MIEUX CHOISIR UN SUPER-HÉROS.
DIS DONC, SPIDER MON CHOUPINET... TU PEUX VOLETER JUSQU'À CHEZ L'ÉPICIER M'ACHETER DES OEUFS ?
PFUIIIIT ... PFUIIIIT!
ET FAIS ATTENTION DE NE PAS ME METTRE DE LA TOILE PARTOUT!
OU MIEUX : UN PRÉSIDENT DE LA RÉPUBLIQUE.
NICOLAS, APPELLE TON MINISTRE DU COMMERCE ET DES CRÈMES BRONZANTES TOUT DE SUITE: JE SUIS EN RADE DE CRÈME SOLAIRE!!!
AH BON? MAIS JE CROYAIS QU'ON ÉTAIT EN RADE DE TOULON...
L'IDÉAL ÉTANT DE RECOMPOSER AVEC UN MAÇON.
CHÉRI, TANT QUE TU "BRICOLES", TU PEUX ME REFAIRE UNE PIÈCE OU DEUX ?... JE MANQUE D'ESPACE DE RANGEMENT!
!?
BÉTON
MAIS JAMAIS AVEC UN CÉLIBATAIRE SANS ENFANTS!
JE NE COMPRENDS PAS, TOUT MARCHAIT SI BIEN... LE GRAND AMOUR... ET PUIS TOUT À COUP... SANS RIEN DIRE, IL DISPARAIT... ÇA DOIT ÊTRE MON CAKE QU'IL N'A PAS AIMÉ!!!
BAM! BOUM
POUÊT! POUÊÊÊÊÊT
OUAINNNN!!!
J'VOIS QUE ÇA!
SIXTY SIX
KLEEN

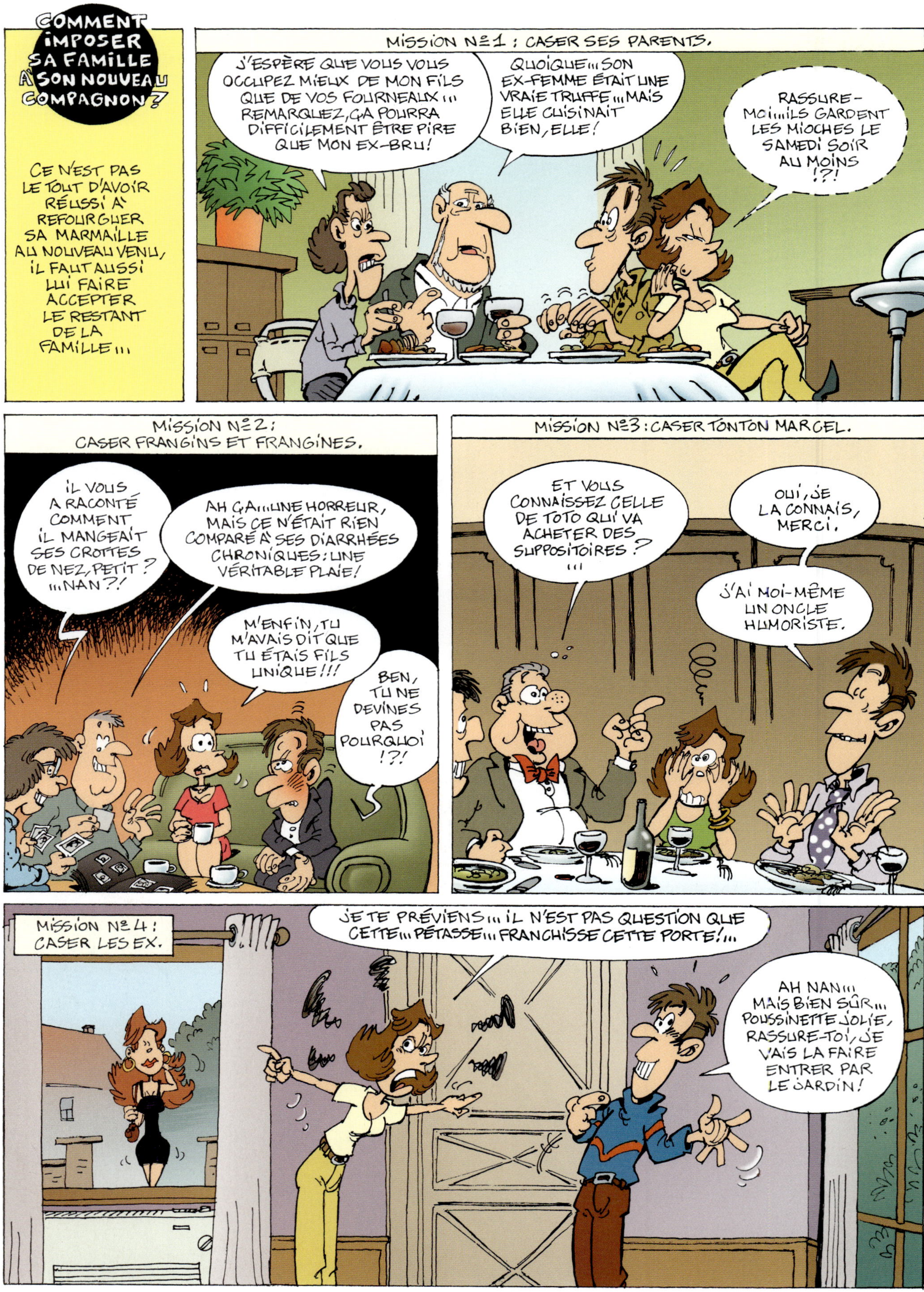
COMMENT IMPOSER SA FAMILLE À SON NOUVEAU COMPAGNON ?
CE N'EST PAS LE TOUT D'AVOIR RÉUSSI À REFOURGUER SA MARMAILLE AU NOUVEAU VENU, IL FAUT AUSSI LUI FAIRE ACCEPTER LE RESTANT DE LA FAMILLE...
MISSION N° 1 : CASER SES PARENTS.
J'ESPÈRE QUE VOUS VOUS OCCUPEZ MIEUX DE MON FILS QUE DE VOS FOURNEAUX... REMARQUEZ, ÇA POURRA DIFFICILEMENT ÊTRE PIRE QUE MON EX-BRU !
QUOIQUE... SON EX-FEMME ÉTAIT UNE VRAIE TRUFFE... MAIS ELLE CUISINAIT BIEN, ELLE !
RASSURE-MOI... ILS GARDENT LES MIOCHES LE SAMEDI SOIR AU MOINS !?!
MISSION N° 2 : CASER FRANGINS ET FRANGINES.
IL VOUS A RACONTÉ COMMENT IL MANGEAIT SES CROTTES DE NEZ, PETIT ? ...NAN ?!
AH ÇA... UNE HORREUR, MAIS CE N'ÉTAIT RIEN COMPARÉ À SES DIARRHÉES CHRONIQUES : UNE VÉRITABLE PLAIE !
M'ENFIN, TU M'AVAIS DIT QUE TU ÉTAIS FILS UNIQUE !!!
BEN, TU NE DEVINES PAS POURQUOI !?!
MISSION N° 3 : CASER TONTON MARCEL.
ET VOUS CONNAISSEZ CELLE DE TOTO QUI VA ACHETER DES SUPPOSITOIRES ? ...
OUI, JE LA CONNAIS, MERCI.
J'AI MOI-MÊME UN ONCLE HUMORISTE.
MISSION N° 4 : CASER LES EX.
JE TE PRÉVIENS... IL N'EST PAS QUESTION QUE CETTE... PÉTASSE... FRANCHISSE CETTE PORTE !...
AH NAN... MAIS BIEN SÛR... POUSSINETTE JOLIE, RASSURE-TOI, JE VAIS LA FAIRE ENTRER PAR LE JARDIN !
16

LES AVANTAGES DE LA FAMILLE RECOMPOSÉE
CÔTÉ PARENTS, IL EXISTE DE NOMBREUX AVANTAGES À SE RECOMPOSER, LE PREMIER ÉTANT BIEN SÛR D'ORDRE MATÉRIEL CAR COMME CHACUN SAIT : PLUS ON EST DE FOUS, PLUS IL Y A DE DÉDUCTIONS...
AVANTAGE N°1 : ÇA OCCUPE LES ENFANTS.
ET POURQUOI C'EST TOUJOURS MOI QUI SUIS COUPÉE EN DEUX, D'ABORD ?!?
BEN, Y PARAÎT QUE T'ES MA DEMI-SOEUR, J'TE FERAI DIRE !
Majie !
haut
bas
AVANTAGE N°2 : ÇA RESPONSABILISE LES AÎNÉS.
COMMENT ÇA, TU AS ENVOYÉ TES PETITS FRÈRES FAIRE DU BOIS POUR L'HIVER ?!!... MAIS... MAIS ON HABITE UN APPARTEMENT EN PLEIN PARIS !
BEN JUSTEMENT... ÇA LEUR FAIT PRENDRE L'AIR...
PIS POUR MANIER LA TRONÇONNEUSE À SIX ANS, ON N'EST PAS TROP DE DEUX !
AVANTAGE N°3 : ÇA FAIT DE LA MAIN-D'OEUVRE BON MARCHÉ.
BON, LES FILLES, LORSQUE VOUS AUREZ TERMINÉ LA VAISSELLE, VOUS IREZ AIDER LES GARÇONS AU JARDIN !
SANS PARLER QU'IL RESTE DU REPASSAGE !
MOTS
AVANTAGE N°4 : ÇA CRÉE DES LIENS AVEC LE VOISINAGE.
DIDJIOU... QU'EST-CE QUE C'EST C'TE BAZAR ?... ON EST DÉJÀ LE 14 JUILLET ?!?
VOYONS, THÉRÈSE, ON EST EN NOVEMBRE !!!
MAIS NON, C'EST LES GAMINS DU 12 QUI PARTENT À L'ÉCOLE !!!
HA! HA! HA!
QUOI ?
BRADAM BAM
POUËT !
HEIN ?
PFFF
AVANTAGE N°5 : DES RÉDUCTIONS PARTOUT.
HAAA NON, MADAME MICHU, JE NE FAIS PAS DE TARIF DE GROUPE POUR LA VARICELLE...
EN REVANCHE, J'AI UNE BELLE GASTRO EN PROMO SI VOUS DÉSIREZ...
!
DIPLÔME
17

CÔTÉ ENFANTS, L'ARRIVÉE DE NOUVEAUX VENUS N'EST PAS SANS SUSCITER UN PEU D'AGACEMENT. MAIS LÀ AUSSI, APRÈS UN LAPS DE TEMPS RELATIF, LES AVANTAGES APPARAISSENT...
COOL: ÇA CRÉE DE NOUVEAUX ALIBIS.
MAIS PUISQUE JE TE DIS QUE CE N'EST PAS MOI... C'EST SÉBASTIEN QUI, EN VOULANT CARESSER LE POISSON ROUGE, A RENVERSÉ L'AQUARIUM SUR LA TÉLÉ!
À SIX MOIS!?!
VACHE... IL EST PRÉCOCE!
G?
Couiiii! couiiii!
PLIC! PLIC!
SUPER COOL: C'EST BON POUR L'ÉVEIL DES SENS.
M'ENFIN, BENJAMIN, QU'EST-CE QUE TU FAIS AVEC CETTE CAMÉRA?
...BEN QUOI?! C'EST POUR MON EXPOSÉ DE SCIENCES NATURELLES SUR LA BIODIVERSITÉ!
HYPRA COOL: POUR LES JEUX DE SOCIÉTÉ.
FULL AUX AS PAR LES DAMES! DÉSOLÉ, LES GARS, JE RAFLE LE TAPIS!
!
?
MÉGA COOL: POUR LES ÉCHANGES ENTRE GÉNÉRATIONS.
WAAAAA KEVINA!!! TROP MÉGA-COOLISSIMES, TES RANGERS ET TON PIERCING AU COUDE... TU ME LES PRÊTES ?!?
TU DREAMS, LÀ... TON PÈRE VOUDRA JAMAIS QU'T'AIES UN PIERCING AVANT TES HUIT ANS...
TROP PAS COOL, LE DARON!
INDOCHINE
18

LES INCONVÉNIENTS DE LA FAMILLE RECOMPOSÉE
ILS SONT DIFFICILES À IDENTIFIER CAR IL Y EN A TRÈS PEU... MAIS SI ON CHERCHE BIEN, ON PEUT TROUVER, LORSQU'ON EST PARENTS, QUELQUES DÉSAVANTAGES.
GROSSE VOITURE INDISPENSABLE.
ET SINON NOUS AVONS CE MODÈLE SPÉCIAL FAMILLE TRÈS NOMBREUSE!
AUTO
VENTES
van chevaux
?
!
UNE MAISON EXTENSIBLE.
BONNE NUIT LES ENFANTS!
BONNE NUIT MAMAN!
BONNE NUIT MAMAN!
BONNE NUIT MAMAN!
DES COURSES DE CHAMPIONNAT.
BOUCHERIE SANGRAS, JE VIENS POUR LA LIVRAISON HEBDOMADAIRE!
MONTEZ... JE VOUS ATTENDAIS!
BOUCHERIE SANGRAS
UN FRIGO XXL.
LES ENFANTS, VOUS N'AVEZ PAS VU VOTRE MÈRE?
SI, ELLE EST PARTIE CE MATIN CHERCHER UN TRUC DANS LE FRIGO!
19

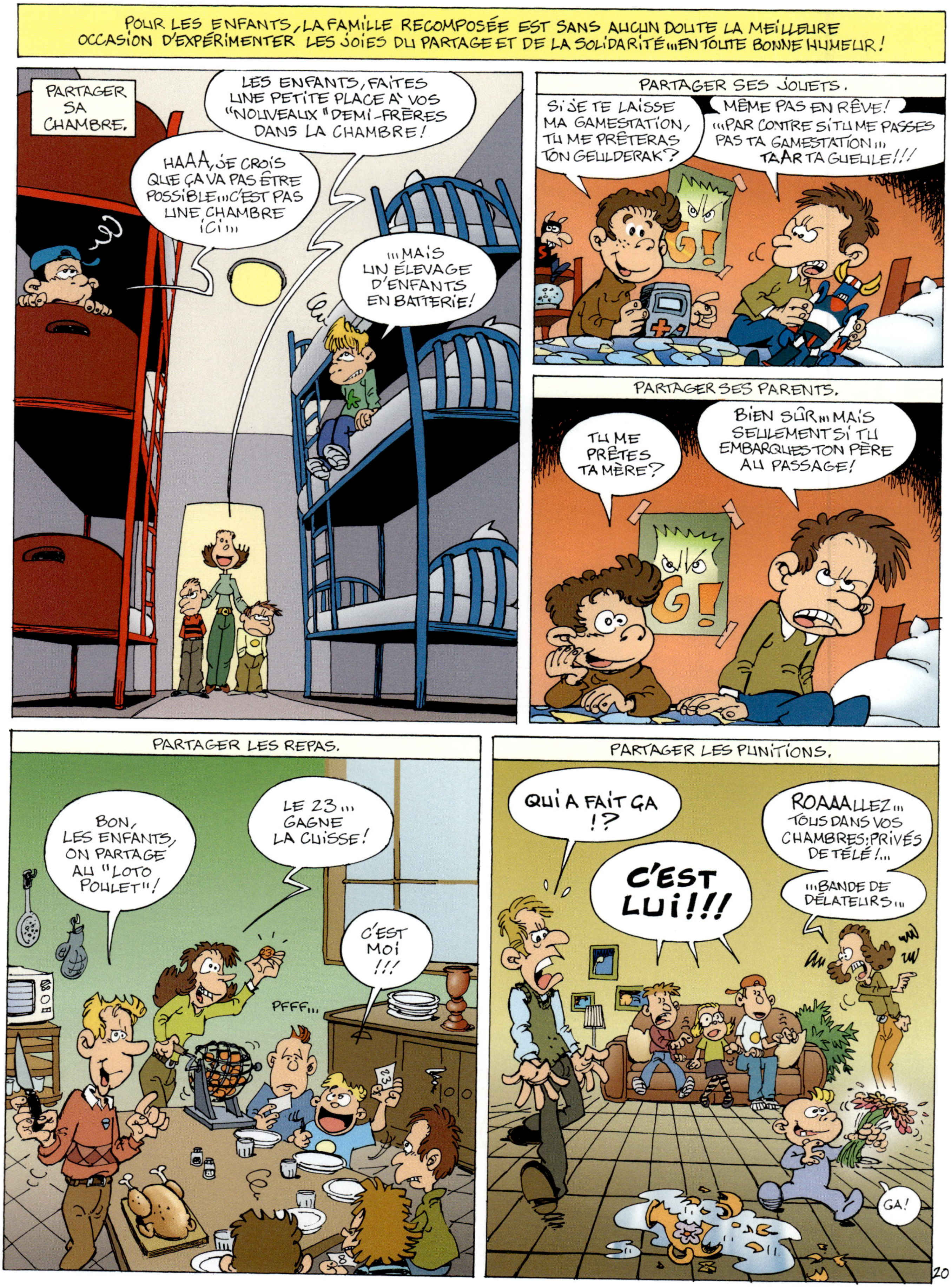
POUR LES ENFANTS, LA FAMILLE RECOMPOSÉE EST SANS AUCUN DOUTE LA MEILLEURE OCCASION D'EXPÉRIMENTER LES JOIES DU PARTAGE ET DE LA SOLIDARITÉ... EN TOUTE BONNE HUMEUR !
PARTAGER SA CHAMBRE.
LES ENFANTS, FAITES UNE PETITE PLACE À VOS "NOUVEAUX" DEMI-FRÈRES DANS LA CHAMBRE !
HAAA, JE CROIS QUE ÇA VA PAS ÊTRE POSSIBLE... C'EST PAS UNE CHAMBRE ICI...
...MAIS UN ÉLEVAGE D'ENFANTS EN BATTERIE !
PARTAGER SES JOUETS.
SI JE TE LAISSE MA GAMESTATION, TU ME PRÊTERAS TON GEULDERAK ?
MÊME PAS EN RÊVE ! ...PAR CONTRE SI TU ME PASSES PAS TA GAMESTATION... TAAR TA GUEULE !!!
PARTAGER SES PARENTS.
TU ME PRÊTES TA MÈRE ?
BIEN SÛR... MAIS SEULEMENT SI TU EMBARQUES TON PÈRE AU PASSAGE !
PARTAGER LES REPAS.
BON, LES ENFANTS, ON PARTAGE AU "LOTO POULET" !
LE 23... GAGNE LA CUISSE !
C'EST MOI !!!
PFFF...
PARTAGER LES PUNITIONS.
QUI A FAIT ÇA !?
C'EST LUI !!!
ROAAALLEZ... TOUS DANS VOS CHAMBRES ; PRIVÉS DE TÉLÉ !...
...BANDE DE DÉLATEURS...
GA !
20

OÙ HABITER AVEC UNE FAMILLE RECOMPOSÉE ?
S'IL EST POSSIBLE DE VIVRE À DEUX D'AMOUR ET D'EAU FRAÎCHE, IL EST IMPOSSIBLE DE VIVRE À QUINZE AVEC DE L'AMOUR MAIS LES PIEDS DANS L'EAU... SURTOUT LORSQU'ELLE EST FRAÎCHE.
PRATIQUE : SUR UNE PÉNICHE.
LES ENFANTS : AU BAIN !
L'INSUBMERSIBLE
HISTORIQUE : DANS UNE GROTTE.
NOM D'UNE PIPE EN CORNE DE MAMMOUTH !...
HI HI HI !
ÉCOLOGIQUE : DANS LES ARBRES.
BON, TARZAN, TU PEUX DIRE À TES GOSSES D'ARRÊTER DE FAIRE DES SINGERIES !!!
GROUMPF !
news
¡¡¡¡¡!
¡¡¡¡¡!
¡¡¡¡!
SOUS UN CHAPITEAU.
CHÉRI, TU N'AS PAS VU LES ENFANTS ?
T'INQUIÈTE, JE LES AI ENFERMÉS DANS LA CAGE AUX LIONS POUR QU'ILS NE FASSENT PAS DE BÊTISES !
RISQUÉ : À L'ÉLYSÉE.
CÉCILIA, TU N'AS PAS VU MA PETITE CLÉ ROUGE... TU SAIS, CELLE AVEC LE PETIT MISSILE NUCLÉAIRE EN PORTE-CLÉS ?
AH, LA CLÉ... ROUGE, OUIIIII... JE L'AI PASSÉE AUX GAMINS, ILS VOULAIENT JOUER AU SOUS-SOL ...
21

COMBIEN DE FOIS PEUT-ON RECOMPOSER SA FAMILLE ?
NOUS NE SOMMES PAS TOUS ÉGAUX DEVANT LE MARIAGE ET ENCORE MOINS DEVANT LA FAMILLE. ON NE PEUT DONC LOGIQUEMENT PAS RECOMPOSER AUTANT QU'ON LE DÉSIRE SELON QU'ON SOIT RICHE OU PAUVRE PAR EXEMPLE !
LORSQU'ON EST RICHE : SOUVENT.
J'ÉPOUSE TOUJOURS DES FEMMES AVEC DE GRANDS ENFANTS... C'EST PLUS RENTABLE.
ELLE S'OCCUPE DE LA MAISON ET SES ENFANTS GARDENT LES MIENS GRATUITEMENT.
PAS BÊTE... ET ÇA MARCHE AUSSI AVEC LES ANIMAUX DOMESTIQUES ?
LORSQU'ON EST PAUVRE : TRÈS SOUVENT.
DRIIIIIIIIIIING !
ROGER... C'EST LES HUISSIERS !!!
TU N'AS QU'À LEUR DONNER LES DEUX PETITS, LÀ... ILS SONT DE MON EX-FEMME !
LOTO
SAISI
SAISI
?
LORSQU'ON EST AMNÉSIQUE : AUCUNE IMPORTANCE !
M... MAIS QUI ÊTES-VOUS ET QUE FAITES-VOUS DANS MA CUISINE ?!?
M'ENFIN, PAPA... C'EST MOI LE FILS DE TA PREMIÈRE FEMME, LE DEMI-FRÈRE DU FILS DE TA DEUXIÈME ÉPOUSE... ET ELLE, C'EST MA DEMI-SOEUR, LA FILLE DE TA QUATRIÈME FEMME...
CELLE QUI EST ENCEINTE, LA BELLE-MÈRE DES JUMEAUX !
LORSQU'ON EST BOULIMIQUE : PAS PLUS DE DEUX FOIS PAR AN !
ENFIN, ROGER, ÇA FAIT TROIS FOIS CETTE ANNÉE ! VOUS FERIEZ MIEUX D'EMMÉNAGER DIRECTEMENT À LA MAIRIE !
ALLEZ, MONSIEUR LE MAIRE, UNE P'TITE DERNIÈRE POUR LA ROUTE, APRÈS J'ARRÊTE !
J'AIMERAIS MIEUX, OUI...
LORSQU'ON AIME LE CHANGEMENT : À VOLONTÉ !
ON A À PEINE LE TEMPS DE S'HABITUER QU'ILS S'EN VONT DÉJÀ !
ET ILS ARRIVENT QUAND, LES NOUVEAUX ?
LA SEMAINE PROCHAINE... PAPA A DÉCIDÉ DE SE "DONNER DU TEMPS" !
22

LA FAMILLE RECOMPOSÉE ET L'ÉCOLE
SELON SA TAILLE ET LES CLASSES D'ÂGE QUI Y SONT REPRÉSENTÉES, LA FAMILLE RECOMPOSÉE PEUT PARFAITEMENT ÊTRE UNE ÉCOLE À ELLE SEULE.
LA RENTRÉE.
BON, RÉCAPITULONS : ON FAIT LE CP À 8H30, ON EMBRAYE SUR LE CE2 ET TU FONCES AU COLLÈGE. JE TE RETROUVE DEVANT LA GRILLE DU LYCÉE À 9H07 !
RÉGLONS NOS MONTRES.
CE SERAIT PLUS SIMPLE S'ILS AVAIENT TOUS REDOUBLÉ !
LES FOURNITURES SCOLAIRES.
ALORS... 22 DOUBLES DÉCIMÈTRES !
ON AURAIT PLUS VITE FAIT D'ACHETER DIRECTEMENT DEUX MÈTRES...
LA CLASSE.
DUCHMOL ?
PRÉSENT !
LA RÉCRÉ.
C'EST ÉTRANGEMENT CALME AUJOURD'HUI...
NORMAL... LES DUCHMOL SONT ABSENTS.
LE GOÛTER.
VOUS N'AVEZ PLUS DE PAINS AU CHOCOLAT ?
AH NON, DÉSOLÉE... LES DUCHMOL SONT SORTIS DE L'ÉCOLE EN AVANCE AUJOURD'HUI...
23

LA FAMILLE RECOMPOSÉE EN VACANCES
LORSQU'ELLE PART POUR LA GRANDE TRANSHUMANCE ESTIVALE, LA FAMILLE RECOMPOSÉE NE PASSE PAS INAPERÇUE, SURTOUT SI ELLE PREND LA DIRECTION DES PLAGES.
DÉPART EN FANFARE.
ET VOILÀ ! TOUT EST RENTRÉ !
SAUF NOUS !
LE VOYAGE : C'EST DÉJÀ LES VACANCES.
CHAUFFEUR, SI T'ES UN AS, APPUIE SUR L'CHAMPIGNON !
ELLE M'A DIT D'ALLER SIFFLER LÀ-HAUT SUR LA COLLINE
ZAAAÏ ZAAAÏ ZAÏ ZAÏ !
BOUCHONS : 30 KMS
TÛT TÛÛT !
LE CAMPING.
ET VOILÀ... HOME SWEET HOME !
T'AS PAS PEUR QUE CE SOIT UN PEU JUSTE ?
FARNIENTE À LA PLAGE.
PPFFFFFCHH
BLAM BLAM !

LORSQU'ON EST UNE FAMILLE FRAÎCHEMENT RECOMPOSÉE, RIEN NE VAUT LA NEIGE POUR RÉCHAUFFER L'AMBIANCE.
UNE FAMILLE, ÇA RESTE GROUPÉ...
NAN, ON NE VOYAGE PAS DEBOUT COMME DANS LE MÉTRO !
ET NAN, IL N'EXISTE PAS DE VERSION DUPLEX POUR FAMILLE NOMBREUSE... OU BIEN !
...EN TOUTES CIRCONSTANCES !
HEUUUU... C'EST OBLIGÉ DE DESCENDRE TOUTES LES PISTES EN FAISANT LA CHENILLE ?
BEN ÉVIDEMMENT, SINON C'EST QUOI L'INTÉRÊT DE SKIER EN FAMILLE ?
PISTE NOIRE : LES TRÉPANÉS
MÊME LES PLUS PÉRILLEUSES !
ILS SONT UN PEU ÉTROITS QUAND MÊME, CES APPARTEMENTS À LA MONTAGNE !
NE T'INQUIÈTE PAS, UNE FOIS QU'ILS SERONT GRIMPÉS DANS LEURS LITS, ON POURRA SE DÉTACHER !
UNE FAMILLE, ÇA PARTAGE TOUT...
VOUS N'AVEZ PAS UN MODÈLE PLUS GRAND ?
EUH... VU LE NOMBRE D'ENFANTS, JE VOUS RECOMMANDE PLUTÔT DE LOUER UN BOBSLEIGH... OU BIEN !
HAUTE-SAVOIE
HOTEL meynet
RESTAURANT Sgro
...ABSOLUMENT TOUT !
EUH... VOUS AURIEZ UN MENU "FAMILIAL" ?
BIEN SÛR, C'EST L'ASSIETTE FAUCHEMANE !...
...UNE ASSIETTE DE FRITES, UNE TRANCHE DE JAMBON ET HUIT COUVERTS ...OU BIEN !
Menu Spécial Gogo
TARTIFLETTE : 46 €
TARTE MYRTILLES 32 €
VIN CHAUD : 72 €
menu
25

LA FAMILLE RECOMPOSÉE EN CHIFFRES
D'APRÈS LES CHIFFRES COMMUNIQUÉS PAR LE MINISTÈRE DE LA MIXITÉ FAMILIALE ET EN EXCLUSIVITÉ MONDIALE, VOICI ENFIN LES VRAIS CHIFFRES DE LA FAMILLE RECOMPOSÉE ... ÇA FAIT FROID DANS LE DOS !
47 % DES FAMILLES NE REGRETTENT PAS D'AVOIR RECOMPOSÉ.
33 % SE DEMANDENT POURQUOI ELLES N'ONT PAS PLUTÔT ADOPTÉ DES POISSONS ROUGES.
?
?!
17 % NE SAVAIENT PAS QU'ELLES ÉTAIENT RECOMPOSÉES.
3 % ONT PROFITÉ DU SONDAGE POUR DIVORCER.
52 % DES BELLES-FILLES SE DISENT PRÊTES À ÉCHANGER LEURS BEAUX-PÈRES CONTRE ... RIEN.
30 % À L'ABANDONNER À LA SPA OU TOUT AUTRE ORGANISME DE SANTÉ PUBLIQUE, POUR PEU QU'ON L'EN DÉBARRASSE VITE !
SPA
12 % SONT MÊME PRÊTES À PAYER POUR ÇA.
6 % SONT DÉJÀ PASSÉES À L'ACTE.
77 % DES BELLES-MÈRES N'AIMENT PAS LE FOOT.
DONT 47 % À CAUSE DE L'ODEUR DES VESTIAIRES DANS LA CHAMBRE DES GARÇONS.
25 % REGRETTENT DE N'AVOIR PAS ACHETÉ UNE PLUS GRANDE MACHINE À LAVER !
GOAL !
... OU 97 % UNE MACHINE SPÉCIALE CHAUSSETTES.
99,9 % DES HOMMES NE COMPRENNENT RIEN AUX HISTOIRES DE LEURS BELLES-FILLES.
78 % S'EN FOUTENT LITTÉRALEMENT.
Hiiiiiiiiiiiiiii !
?
VOUS AVEZ PRIS ... 17 GRAMMES !
82 % PENSENT QUE ÇA LEUR PASSERA AVANT QUE ÇA NE LES REPRENNE.
1 % SE SENTENT CONCERNÉS SI TOUTEFOIS CELA PEUT RÉDUIRE LE TEMPS D'ATTENTE DEVANT LA SALLE DE BAIN.
20 % DES HOMMES SOUHAITERONT RECOMPOSER APRÈS LA LECTURE DE CE GUIDE.
48 % DES FEMMES SERONT TENTÉES PAR L'EXPÉRIENCE.
ALORS, QUESTION 736 ...
0,5 % DES ENFANTS ACCEPTERONT DE PARTAGER LEUR CHAMBRE.
... EUH, LE RESTE S'EST ENDORMI AVANT LA FIN DU QUESTIONNAIRE.
26

COMMENT RECONNAÎTRE UNE FAMILLE RECOMPOSÉE?
QU'EST-CE QUI DISTINGUE UNE "SIMPLE" FAMILLE NOMBREUSE, TRISTEMENT CLASSIQUE, D'UNE GRANDE ET BELLE FAMILLE RECOMPOSÉE JOYEUSEMENT ORIGINALE?
LA FAMILLE RECOMPOSÉE N'EST PAS TOUJOURS AU POINT QUESTION LOGISTIQUE...
BEN QUOI?? QU'EST-CE QUI NE VA PAS?
J'AI FAIT EXACTEMENT COMME SI C'ÉTAIT MES PROPRES FILLES!
C'EST JUSTEMENT LÀ LE PROBLÈME... TON MANQUE DE DISCERNEMENT!
ELLE CUMULE LES TRANCHES D'ÂGE...
QUATRE ADOS EN MÊME TEMPS... AVOUE QUE C'EST PAS DE POT!
ON POURRAIT MÊME CROIRE QUE C'EST DE L'ACHARNEMENT... OU UN GENRE DE PUNITION DIVINE!
TROP PAS COOL!
ON S'FAIT TROP HIECH!
TROP PAS MDR...
MORTEL...
ET PARFOIS LES EMM...
"Monsieur, j'ai l'honneur de vous annoncer que vos enfants sont renvoyés de notre établissement à compter d'aujourd'hui"...
PAS TOUS EN MÊME TEMPS QUAND MÊME?!?
BEN... T'AVAIS DIT QU'IL FALLAIT QU'ON "SOAILLE" SOLIDAIRE!
QU'ON "SOAVE"... PAUVRE DEMEURÉ!
MAIS TOUT FINIT TOUJOURS BIEN... COMME DANS "LA PETITE MAISON DANS LA PRAIRIE"!
BON, RÉSUMONS-NOUS: ON HABITE À DOUZE DANS UNE PAUVRE BARAQUE EN BOIS AU FIN FOND DU TROU DE BALLE DU MONDE ET IL NOUS RESTE UNE BOÎTE DE SARDINES POUR LE DÎNER!
OUI, MAIS PAPA VA NOUS JOUER UN AIR DE VIOLON... VAS-Y, CHARLES!
TU PLAISANTES, JE SAURAIS MÊME PAS JOUER DE LA GUIMBARDE!
COMMENT ÊTRE CERTAIN QUE VOUS ÊTES BIEN UNE FAMILLE RECOMPOSÉE?
MAMAN, Y'A SIDO QUI SQUATTE LA SALLE DE BAIN DEPUIS DEUX HEURES!!!
AH LÀ, PAS DE DOUTE!
PAPA: NINO, Y'M'A PIQUÉ MA GAME-STATION!!!
AUCUN, C'EST UNE ÉVIDENCE!
SORS DE LÀ, ESPÈCE DE PARASITE, C'EST MA CHAMBRE!!!
C'EST PAS VRAI, SALE CAFARD!!!
27

LA FAMILLE RECOMPOSÉE AU SUPERMARCHÉ
POUR UN OEIL PAS PARTICULIÈREMENT AIGUISÉ, IL EST BIEN DIFFICILE D'IDENTIFIER UNE FAMILLE RECOMPOSÉE D'UNE AUTRE LORSQU'ELLE FAIT SES COURSES. VOICI QUELQUES TRUCS POUR Y PARVENIR...
ON LES RECONNAÎT À L'ENTRÉE.
BIENVENUE FAMILLE DUCHMOL
!?
MES CHERS AMIS !
CLAP CLAP CLAP CLAP CLAP CLAP CLAP CLAP CLAP CLAP
ON LES RECONNAÎT DANS LES RAYONS.
QU'EST-CE QUI SE PASSE ?
HO, C'EST RIEN, UNE VENTE FLASH SUR DU PAPIER TOILETTE, LES DUCHMOL FONT LE PLEIN.
LUTOS
ON LES RECONNAÎT À LA FIN DU MOIS.
BEN, ON EST DÉJÀ LE 27, MADAME DUCHMOL ?
EUH... NON, NON, C'EST MON MARI QUI A DÉCIDÉ DE FAIRE DES ÉCONOMIES !
PFFF...
ON LES RECONNAÎT À LA SORTIE.
FAMILLE DUCHMOL
MAIS... MAIS JE SUIS ENCEINTE !!!
DÉSOLÉE, MADAME, MAIS CETTE CAISSE EST RÉSERVÉE, N'INSISTEZ PAS OU J'APPELLE LE VIGILE !
28

LA FAMILLE RECOMPOSÉE AU RESTAURANT
SI ELLE EST SOUVENT ACCLAMÉE AU MOMENT DE L'ADDITION, LA FAMILLE RECOMPOSÉE N'Y EST, EN REVANCHE, PAS TOUJOURS ACCUEILLIE AVEC ENTHOUSIASME ...
APPRENDRE À RUSER.
ET ILS ONT ACCEPTÉ LA RÉSERVATION ????
ÉVIDEMMENT, J'AI RÉSERVÉ POUR DOUZE, MAIS JE N'AI PAS MENTIONNÉ LE NOMBRE D'ENFANTS !
ACCEPTER LES IMPRÉVUS.
MAIS, JE VOUS ASSURE, NOUS AVONS RÉSERVÉ IL Y A MOINS D'UNE HEURE !...
DÉSOLÉ, MÔSSIEUR, MAIS DEPUIS IL Y A EU UN CHANGEMENT DE PROPRIÉTAIRE... VOTRE RÉSERVATION S'EST, COMME QUI DIRAIT, VOLATILISÉE !
PAF !
PIPI !
...ET LES PETITS DÉSAGRÉMENTS.
...ET ALORS, POUR UNE FOIS QU'ON EST ACCEPTÉS, VOUS POURRIEZ EN PROFITER !
APPRENDRE LA PATIENCE.
COMMENT ÇA, LE SERVICE EST TERMINÉ ?! MAIS ÇA FAIT DEUX HEURES QU'ON VOUS ATTEND POUR PASSER LA COMMANDE !
BZZZ
AU FINAL, VOUS NE SEREZ JAMAIS DÉÇU.
FÉLICITATIONS, MÔSSIEUR VIENT DE PULVÉRISER NOTRE RECORD D'ADDITION !
JE ME SERAIS CONTENTÉ D'UN PODIUM !
CLAP CLAP CLAP
CLAP CLAP CLAP CLAP CLAP
CLAP CLAP
29

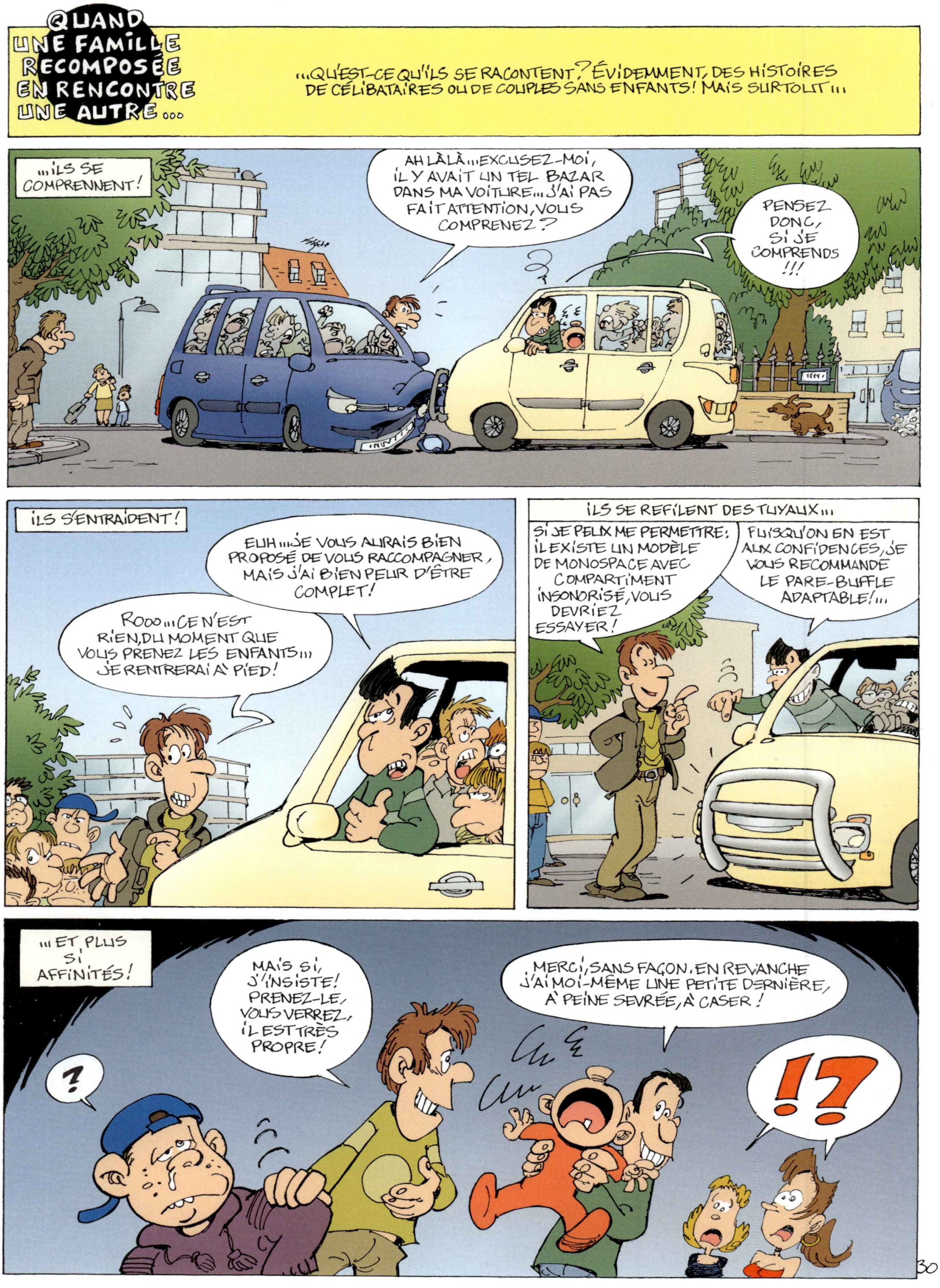
QUAND UNE FAMILLE RECOMPOSÉE EN RENCONTRE UNE AUTRE...
...QU'EST-CE QU'ILS SE RACONTENT ? ÉVIDEMMENT, DES HISTOIRES DE CÉLIBATAIRES OU DE COUPLES SANS ENFANTS ! MAIS SURTOUT...
...ILS SE COMPRENNENT !
AH LÀLÀ... EXCUSEZ-MOI, IL Y AVAIT UN TEL BAZAR DANS MA VOITURE... J'AI PAS FAIT ATTENTION, VOUS COMPRENEZ ?
PENSEZ DONC, SI JE COMPRENDS !!!
ILS S'ENTRAIDENT !
EUH... JE VOUS AURAIS BIEN PROPOSÉ DE VOUS RACCOMPAGNER, MAIS J'AI BIEN PEUR D'ÊTRE COMPLET !
ROOO... CE N'EST RIEN, DU MOMENT QUE VOUS PRENEZ LES ENFANTS... JE RENTRERAI À PIED !
ILS SE REFILENT DES TUYAUX...
SI JE PEUX ME PERMETTRE : IL EXISTE UN MODÈLE DE MONOSPACE AVEC COMPARTIMENT INSONORISÉ, VOUS DEVRIEZ ESSAYER !
PUISQU'ON EN EST AUX CONFIDENCES, JE VOUS RECOMMANDE LE PARE-BUFFLE ADAPTABLE !...
...ET PLUS SI AFFINITÉS !
?
MAIS SI, J'INSISTE ! PRENEZ-LE, VOUS VERREZ, IL EST TRÈS PROPRE !
MERCI, SANS FAÇON. EN REVANCHE J'AI MOI-MÊME UNE PETITE DERNIÈRE, À PEINE SEVRÉE, À CASER !
!?
30

LA FAMILLE RECOMPOSÉE CHEZ DES AMIS
JE SAIS, CELA PARAÎT PEU VRAISEMBLABLE, POURTANT LES FAMILLES RECOMPOSÉES ONT ELLES AUSSI PARFOIS DES AMIS... DU MOINS DANS LES B.D.
DES AMIS D'ENFANCE.
SACRÉ FRANÇOIS, BEN À CE QUE JE VOIS T'ES TOUJOURS AUSSI NUL EN ÉCONOMIE! ... PFFFF!
EN REVANCHE, IL A PROGRESSÉ EN ÉDUCATION SEXUELLE, LUI!
DES COLLÈGUES DE BUREAU.
BEN DIS DONC, ILS NE SE SONT PAS FOULÉS POUR LE CADEAU DE NOËL, CETTE ANNÉE!
C'EST LA FAUTE DE DUCHMOL!
OUAIS, AVEC SA MARMAILLE, ILS ONT ENGLOUTI LE BUDGET-CADEAUX DU CE À EUX TOUT SEULS!
Café
Joyeux Noël
CE
DES AMIS DE LEURS AMIS QUI SONT LEURS AMIS...
SALUT MARCEL! JE SUIS UN AMI DU COUSIN DU FRÈRE DE TA BELLE-SOEUR... ON PASSAIT DANS LA RÉGION ET J'AI DIT À MA FEMME...
?
EUH... ALLONS DONC DIRE BONJOUR À CE SACRÉ... EUH... MARCEL!
DES EX-AMIS.
MARCEL, PAS LA PEINE DE TE DÉGUISER EN "AMI RICORÉ" AVEC TES PAINS ET TES CROISSANTS ... JE NE T'OUVRIRAI PAS!
RICORÉ
RICORÉ
31

COMMENT OCCUPER SA FAMILLE RECOMPOSÉE ?
IL N'Y A PAS QUE LES JOURS DE PLUIE OU LES LONGUES SOIRÉES D'HIVER À COMBLER. LORSQU'ON A UNE GRANDE FAMILLE, IL FAUT BIEN TROUVER UN MOYEN DE L'OCCUPER.
LA MÉTHODE HISTORIQUE.
BON, ÇA S'APPELLE LE JEU DU "PETIT POUCET"...
LE PREMIER QUI RETROUVE LE CHEMIN DE LA MAISON A GAGNÉ !
GINETTE, LAISSE TOURNER LE MOTEUR, J'ARRIVE !
MAIS ON N'A PAS DE CAILLOUX POUR RETROUVER LE CHEMIN !
BEUH !
LAISSE TOMBER, DE TOUTE FAÇON, C'EST DIRECT EN RER !
LA MÉTHODE CONSTRUCTIVE.
VOUS ALLEZ VOIR, C'EST UN GENRE DE LEGO EN BEAUCOUP PLUS RIGOLO !
!
LA MÉTHODE SPORTIVE.
ALLEZ, LES ENFANTS, PLUS QUE QUINZE TOURS ET ON RENTRE !
LA MÉTHODE CULTURELLE.
ICI LES CATACOMBES OÙ MOISISSAIENT LES PRISONNIERS PENDANT DES SIÈCLES...
...ILS POUVAIENT TOUJOURS CRIER, PERSONNE NE LES ENTENDAIT JAMAIS...
GUIDE
EUH... PAPA, POURQUOI TU NOUS REGARDES COMME ÇA ?
LA MEILLEURE MÉTHODE.
RIEN DE TEL POUR LES OCCUPER QUE DE LES RENVOYER CHEZ LEUR MÈRE !
ET JE PEUX SAVOIR POURQUOI TU LUI AS LAISSÉ LES MIENS AUSSI ?
32

QUI DOIT PUNIR LES ENFANTS ?
L'ÉQUILIBRE DE LA FAMILLE RECOMPOSÉE REPOSE ESSENTIELLEMENT SUR UNE RÉPARTITION ÉQUITABLE DES PUNITIONS, ENCORE FAUT-IL SAVOIR QUI SE CHARGE DE LES DISTRIBUER.
LE PÈRE LÉGITIME.
LES ENFANTS, JE VOUS PRÉVIENS : SI VOUS CONTINUEZ DE MARTYRISER VOTRE SOEUR, J'APPELLE PAPA !
EUH... JE TE RAPPELLE QU'IL HABITE À 800 KM D'ICI, LE TEMPS QU'IL ARRIVE, JE SERAI FOSSILISÉE !
LA MÈRE BIOLOGIQUE.
LES ENFANTS, SI VOUS CONTINUEZ DE MARTYRISER VOTRE SOEUR, VOUS AUREZ AFFAIRE À MOI !
D'ACCORD, MAIS JE RÉCLAME UN TEST ADN AVANT !
C'EST VRAI, ÇA, QUI NOUS DIT QUE TU ES NOTRE VRAIE MÈRE ?
LE BEAU-PÈRE.
LES ENFANTS, SI VOUS CONTINUEZ DE MARTYRISER VOTRE SOEUR, VOUS AUREZ AFFAIRE À MARCEL !
EUH... JE PASSE MON TOUR...
LA BELLE-MÈRE.
CENDRILLON !!!!! AU LIEU DE GLANDOUILLER SOUS LES ARBRES, VA AIDER TON PÈRE À LAVER LA CITROUILLE ET LAISSE TES DEMI-FRÈRES TRANQUILLES !
UN SPÉCIALISTE.
MERCI, "SUPER NANNY" !!!
OH DE RIEN ...
QUAND ON PEUT RENDRE SERVICE ET QUE ÇA DÉBARRASSE !
33

COMMENT TAPER LES ENFANTS DE L'AUTRE SANS QU'IL S'EN APERÇOIVE ?
CETTE QUESTION FONDAMENTALE, BIEN DES (BEAUX) PARENTS SE LA SONT POSÉE. S'IL N'EXISTE PAS DE FORMULE-MIRACLE, IL Y A EN REVANCHE PLUSIEURS MÉTHODES SCIENTIFIQUES.
LA BAFFE EN "LOUCEDÉ" DITE TARTE FANTÔME.
ÇA ALORS, C'EST DINGUE : MA MAIN EST PARTIE TOUTE SEULE !
SI ÇA SE TROUVE ELLE EST POSSÉDÉE PAR UN ESPRIT VENGEUR...
?!
LE PAIN SURPRISE, POUR LES GRANDES OCCASIONS.
JE NE SAVAIS PAS QUOI T'OFFRIR, ALORS JE ME SUIS DIT : UNE BONNE BAFFE ÇA FAIT TOUJOURS PLAISIR...
ELLE EST UN PEU GROSSE, MAIS C'EST POUR TOUTES CELLES QUE J'AI OUBLIÉ DE T'OFFRIR !
JOYEUUUUX ANNIVERSAIREUUU
LE COUP DE PIED FURTIF.
BEN MON CHÉRI, QU'EST-CE QUI S'EST PASSÉ ?
INCROYABLE, IL A DÛ TOUCHER UN POINT RÉFLEXE PAR HASARD EN PASSANT !
LE BOURRE-PIF DU MATIN : CHAGRIN.
MAIS QU'EST-CE QUI S'EST PASSÉ ENCORE ?
BEN, JE NETTOYAIS MON ARME ET LE COUP EST PARTI TOUT SEUL !
L'ACCIDENT BÊTE !
LE MARRON DU SOIR : ESPOIR.
VOILÀ... ET FAITES DE BEAUX RÊVES !
COMME C'EST GENTIL DE LES BORDER... REGARDE COMME ILS SONT ÉMUS !

QUI DOIT LES RÉCOMPENSER ?
SELON UN PRINCIPE ANCESTRAL BIEN CONNU : "TOUTE PEINE MÉRITE SALAIRE". SEULEMENT VOILÀ, QUI DANS LA FAMILLE DOIT JOUER LE RÔLE DU MÉCÈNE ?
LE PÈRE LÉGITIME.
TU ES SÛR QUE C'EST VRAIMENT RAISONNABLE À SON ÂGE ? C'EST MÊME PAS SON ANNIVERSAIRE !
TOUT CE QUE JE SAIS, C'EST QUE SON BEAU-PÈRE LUI A OFFERT UN VÉLO LA SEMAINE DERNIÈRE... PAS QUESTION DE LAISSER PASSER ÇA !
LA MÈRE BIOLOGIQUE.
ET TU ES SÛRE QUE SON PÈRE EST D'ACCORD POUR QU'ELLE AIT UN PIERCING À HUIT ANS ?
NON, JUSTEMENT, ÇA VA LE RENDRE FOU !!!
C'EST ÇA QUI EST DRÔLE !
LE BEAU-PÈRE.
NON, CENDRILLON, IL N'EST PAS QUESTION QUE J'ACHÈTE UN CHIEN, UN CHAT OU UN QUELCONQUE DE CES ANIMAUX À PLUME !
TRÈS BIEN... ALORS JE VAIS RACONTER À MON PÈRE QUE TU ME MALTRAITES ET À MA MÈRE QUE TU DRAGUES MES COPINES DE CLASSE...
WIF !
...À TOI DE VOIR !
LA BELLE-MÈRE.
...CENDRILLON, PUISQUE TU AS BIEN TRAVAILLÉ À L'ÉCOLE, JE T'OFFRE UNE PAIRE DE SOULIERS DE VAIR ! QU'EST-CE QU'ON DIT À SA BELLE-MÈRE PRÉFÉRÉE ?
D'ABORD MON PRÉNOM C'EST CINDY, ET TES GODASSES DE BARBIE, DEVINE OÙ TU PEUX TE LES METTRE ?
UN SPÉCIALISTE.
BONJOUR, J'AI UN PAQUET POUR MADEMOISELLE CENDRILLON DUCHMOL !
CINDY... PAUV' TACHE !
plaisir d'offrir une belle baffe...
LA BOITE À BAFFES
...joie de recevoir une bonne grosse tarte
LA BOITE À BAFF
35

COMMENT SE FAIRE AIMER PAR LES ENFANTS DE L'AUTRE ?
LE BONHEUR DE LA FAMILLE RECOMPOSÉE REPOSE SUR L'HARMONIE ET L'AMOUR. MAIS POUR QUE LES ENFANTS DE L'AUTRE VOUS AIMENT PLUS ENCORE QUE LES VÔTRES, IL EXISTE PLUSIEURS SOLUTIONS.
LES COUVRIR DE CADEAUX.
TU N'AS PAS L'IMPRESSION D'EN FAIRE UN PEU TROP, LÀ ?
PENSES-TU, C'EST LARGEMENT MÉRITÉ !*
*VOIR PAGE 37 CASE 3
LES PAYER.
EUH DIS DONC, IL Y A UN PROBLÈME SUR MA FICHE DE PAYE CE MOIS-CI OU QUOI ... IL MANQUE 300€ !
SALAIRE
VENTS D'OUEST
C'EST NORMAL, TU M'AS FAIT LA TRONCHE PENDANT TOUTES LES VACANCES : J'AI DONC DÉDUIT TA PRIME "AFFECTION" ET CELLE DE "POLITESSE" !
FAIRE LEURS DEVOIRS.
COMMENT ÇA, 6 SUR 20 À MA DISSERTATION ??!!! MAIS ELLE N'EST PAS BIEN, CETTE PROF !
OUAIS, BEN EN ATTENDANT LA PROCHAINE FOIS TU ME LAISSERAS LA FAIRE TOUT SEUL, S'IL TE PLAÎT !
LES NOURRIR SEULEMENT DE BURGERS.
LES ENFANTS, C'EST L'HEURE DE MANGER ... À TABLE !
MAD COW'S
OH NON, PITIÉ !
JE RÊVE DE HARICOTS ET D'ÉPINARDS !
JE DONNERAIS TOUT MON ARGENT DE POCHE POUR UN PLAT DE CAROTTES !!!
LES MENACER.
CENDRILLON, SI TU NE M'AIMES PAS TOUT DE SUITE, JE RACONTE À TOUT LE MONDE QUE TU SORS LE SOIR, DÉGUISÉE EN BARBIE POUR ALLER DANSER CHEZ LES LEPRINCE-CHARMANT, NOS VOISINS DE PALIER !!!
FUCK.
36

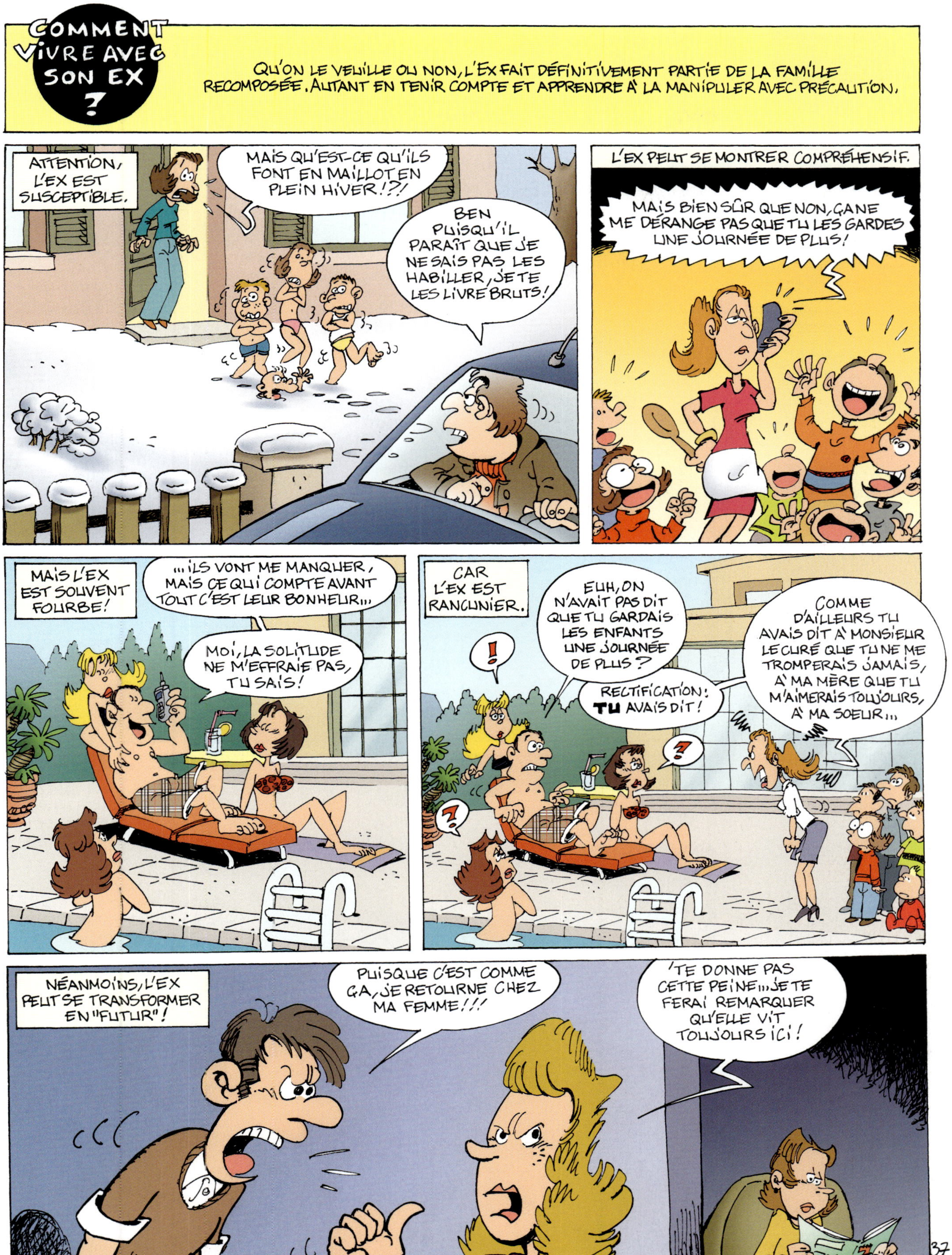
COMMENT VIVRE AVEC SON EX ?
QU'ON LE VEUILLE OU NON, L'EX FAIT DÉFINITIVEMENT PARTIE DE LA FAMILLE RECOMPOSÉE. AUTANT EN TENIR COMPTE ET APPRENDRE À LA MANIPULER AVEC PRÉCAUTION.
ATTENTION, L'EX EST SUSCEPTIBLE.
MAIS QU'EST-CE QU'ILS FONT EN MAILLOT EN PLEIN HIVER !?!
BEN PUISQU'IL PARAÎT QUE JE NE SAIS PAS LES HABILLER, JE TE LES LIVRE BRUTS !
L'EX PEUT SE MONTRER COMPRÉHENSIF.
MAIS BIEN SÛR QUE NON, ÇA NE ME DÉRANGE PAS QUE TU LES GARDES UNE JOURNÉE DE PLUS !
MAIS L'EX EST SOUVENT FOURBE !
...ILS VONT ME MANQUER, MAIS CE QUI COMPTE AVANT TOUT C'EST LEUR BONHEUR...
MOI, LA SOLITUDE NE M'EFFRAIE PAS, TU SAIS !
CAR L'EX EST RANCUNIER.
EUH, ON N'AVAIT PAS DIT QUE TU GARDAIS LES ENFANTS UNE JOURNÉE DE PLUS ?
!
RECTIFICATION : TU AVAIS DIT !
COMME D'AILLEURS TU AVAIS DIT À MONSIEUR LE CURÉ QUE TU NE ME TROMPERAIS JAMAIS, À MA MÈRE QUE TU M'AIMERAIS TOUJOURS, À MA SOEUR...
?
?
NÉANMOINS, L'EX PEUT SE TRANSFORMER EN "FUTUR" !
PUISQUE C'EST COMME ÇA, JE RETOURNE CHEZ MA FEMME !!!
'TE DONNE PAS CETTE PEINE... JE TE FERAI REMARQUER QU'ELLE VIT TOUJOURS ICI !
37

COMMENT PROTÉGER SON NOUVEAU COUPLE ?
NOUS SOMMES ICI TOUS CONVAINCUS DE LA FRAGILITÉ CHRONIQUE DU COUPLE. POUR QU'IL AIT UNE CHANCE DE RÉSISTER À LA RECOMPOSITION, IL DOIT SE PROTÉGER DE SON ENVAHISSANTE PROGÉNITURE.
ISOLER RÉGULIÈREMENT LES ENFANTS.
HUM... ENFIN DU CALME, ÇA FAIT DU BIEN DE RETROUVER UN PEU D'INTIMITÉ...
C'ÉTAIT UNE BONNE IDÉE, CE VERROU À L'EXTÉRIEUR !
JE NE SAIS PAS TROP, JE CULPABILISE UN PEU QUAND MÊME !
BLAM ! BLAM !
AU SECOURS !
WC
Y'A PLUS DE PAPIER !
BLAM !
SORTEZ-NOUS DE LÀ !!!
ÇA SENT MAUVAIS !
CRÉER UN PÉRIMÈTRE DE SÉCURITÉ.
HALTE ! VOUS AVEZ UN LAISSEZ-PASSER ?
CHAMBRE DES PARENTS
?
LEUR OFFRIR DES VOYAGES.
FÉLICITATIONS, NINO, 2/20 EN HISTOIRE/GÉO ! POUR TE RÉCOMPENSER, JE T'OFFRE UN VOYAGE EN LITUANIE. INUTILE DE RANGER TON CARTABLE, L'AVION PART DANS UNE HEURE !
LORIS, NE DÉFAIS PAS TA VALISE, TU REPARS DANS DEUX HEURES POUR LA FLORIDE FÊTER TON 15/20 EN GYM !
?
POIRE
RENTABILISER L'AFFAIRE.
VOUS POUVEZ ADMIRER ICI UN MAGNIFIQUE SPÉCIMEN D'ADOLESCENSUM PRIMITIVUS...
IL EST TRÈS RARE DE LE VOIR RÉVEILLÉ !
GRAND ZOO DUCHMOL
FOSSILE DE BELLE-MÈRE
PRÉ-ADO HYSTERICUS
BÉBEUM CASSEBURNUM
ADOLESCENSUM PRIMITIVUS
LA CARTE JOKER : LES GRANDS-PARENTS.
ALORS, JE RÉCAPITULE : LUNDI CHEZ LES GRANDS-PARENTS DE LORIS, MARDI SOIR CHEZ CEUX DE NINO, MERCREDI ILS PASSERONT LA JOURNÉE AVEC CEUX DE SIDONIE...
C'EST PRATIQUE, SAUF QU'À LA FIN ON NE SAIT PLUS QUI SONT EXACTEMENT LES GRANDS-PARENTS DE QUI ?!?...
AGENDA
38

POURQUOI LES ENFANTS DE L'AUTRE SONT-ILS INSUPPORTABLES ?
TOUS LES PARENTS DE FAMILLES RECOMPOSÉES LE SAVENT BIEN, LES ENFANTS DU NOUVEAU CONJOINT SONT FORCÉMENT MOINS BIEN ÉLEVÉS QUE LES SIENS. POURQUOI ? PARCE QUE CE NE SONT PAS LES SIENS, PARDI !
ILS SONT "DIFFÉRENTS".
INCROYABLE ! AVANT QUE TU NE T'INSTALLES ICI AVEC TES FILLES, JE N'AURAIS JAMAIS SOUPÇONNÉ QU'ON PUISSE RESTER SI LONGTEMPS DANS CETTE PIÈCE !
SALLE de BAIN
OCCUPÉ !
TU DEVRAIS EN PROFITER POUR PARLER DE CET ENDROIT À TES FILS... JE SUIS SÛRE QU'ILS NE L'ONT JAMAIS VU !
Couic !
ILS SONT MAL ÉLEVÉS.
OH ! COMME ILS SONT MIGNONS ! C'EST À VOUS ?
EUH... SEULEMENT LES DEUX ENFANTS... LES DEUX PETITS ANIMAUX, LÀ, SONT À MON MARI !
ILS RESSEMBLENT À LEUR PÈRE.
PAS DE DOUTE, C'EST BIEN TA FILLE !
POURQUOI TU DIS ÇA ?
ILS RESSEMBLENT À LEUR MÈRE.
PAS DE DOUTE, C'EST BIEN TON FILS.
BANG !
POURQUOI TU DIS ÇA ?
ILS NE RESSEMBLENT À RIEN !
EUH, CHÉRIE, LE PÈRE DU PETIT, TON EX, LÀ, TU ES CERTAINE QU'IL ÉTAIT... EUH... FRANÇAIS ? JE VEUX DIRE... DE NOTRE GALAXIE ?
BEN ÉVIDEMMENT, POURQUOI TU ME DEMANDES ÇA ?
E.T. TÉLÉPHONE LIVRAISON PIZZA !
39

VOTRE EX A FONDÉ UNE FAMILLE RECOMPOSÉE ?
ATTENTION, LA SITUATION EST SÉRIEUSE. IL EST URGENT DE RÉAGIR, MAIS PAS N'IMPORTE COMMENT.
GARDER SES DISTANCES ...
ET TU TROUVES ÇA NORMAL, TOI, D'HABITER SOUS LE MÊME TOIT QUE TON EX-MARI ?
BEN, JE NE VOIS PAS OÙ EST LE PROBLÈME ? ET PUIS C'EST TELLEMENT PLUS PRATIQUE POUR LES ENFANTS !
... ET SON SELF-CONTROL ...
JE ME SUIS DIT QUE ÇA NE TE DÉRANGERAIT PAS DE GARDER AUSSI CEUX DE ROGER !
DE TOUTE FAÇON, TU N'AVAIS SÛREMENT RIEN DE PRÉVU !
ET PUIS, "VIEUX", QUAND IL Y EN A POUR DEUX, IL Y EN A POUR HUIT !
... EN DEMEURANT DISPONIBLE ...
ET SI TU POUVAIS EN PROFITER POUR FAIRE UN SAUT À LA MAISON RÉPARER LES TOILETTES QUI FUIENT !
AH OUI, BONNE IDÉE, ET TU PASSERAS UN COUP DE TONDEUSE DANS LE JARDIN TANT QUE TU Y ES... "VIEUX".
... MAIS PAS TROP QUAND MÊME !
MERCI, ROBERT, C'EST VRAIMENT GENTIL D'AVOIR GARDÉ TOUS LES ENFANTS...
DE RIEN, QUAND ON PEUT RENDRE SERVICE.
ALORS NOUS DISONS, TROIS CHAMBRES À 122€, SIX PETITS DÉJEUNERS ...
40

ENFANTS : COMMENT TIRER PROFIT DE LA SITUATION ?
FAIRE PARTIE D'UNE FAMILLE RECOMPOSÉE PRÉSENTE POUR LES ENFANTS DE NOMBREUX AVANTAGES. ENCORE FAUT-IL SAVOIR COMMENT EN PROFITER...
JOUER LA CULPABILITÉ.
HÉÉÉ, VOUS CROYEZ QU'ON N'A PAS COMPRIS VOTRE PETIT MANÈGE ?
OUAIS, VOUS VOULEZ NOUS ABANDONNER EN FORÊT COMME LE PETIT PINOCCHIO...
C'EST LE PETIT POUCET !
RAS LE BOL DES BALADES EN FORÊT : ON VA À MICKEYLAND OU ON PORTE PLAINTE À LA DASS !!!
PARIER SUR L'EFFET DE GROUPE.
BON, LES ENFANTS, IL EST L'HEURE DE FAIRE VOS DEVOIRS...
LES MAÎTRESSES SS !!! LES DEVOIRS RASOIRS !!!
enfants en grève
NON À LA DICTATURE SCOLAIRE !
HALTE AUX CADENCES INFERNALES
UTILISER LA FORCE D'INERTIE...
HUMPF... JE NE COMPRENDS PAS, CETTE PORTE EST ENCORE BLOQUÉE... HANNN...
C'EST PAREIL TOUS LES MATINS, ÇA DOIT ÊTRE L'HUMIDITÉ...
CLAC CLAC !
...EN MISANT SUR LA SOLIDARITÉ.
DÉPÊCHE-TOI UN PEU, ROBERT, ON VA FINIR PAR ÊTRE EN RETARD À L'ÉCOLE !
HAN... HUMPF !
G !
?
ET N'OUBLIEZ PAS : PLUS ON EST DE FOUS...
J'VAIS L'DIRE À MON PÈRE !!!
PAPA, Y' M'EMBÊTE !!!
J' VAIS L'DIRE À MA MÈRE !!!
...PLUS ON CRIE...
MOINS FORT, ROBERT...
AÏEUUUU ! TU M'AS FAIT MAL !
OUINN
41

QU'EST-CE QU'UN DEMI-FRÈRE?
SELON 99,9% DES FILLES INTERROGÉES, LE DEMI-FRÈRE EST ABRUTI DANS 100% DES CAS. MAIS POUR LES 0,1% QUI RESTENT, C'EST SURTOUT:
UN CONFIDENT.
TU VAS PARLER OU JE LUI ARRACHE LA TÊTE!!!
JAMAIS!
UN COMPLICE.
BON, ON SE RÉPARTIT LES TÂCHES: TOI TU VOLES LA BOÎTE DE GÂTEAUX DANS LE PLACARD ET MOI JE LES MANGE... OK?
EUH... JE NE SUIS PAS BIEN SÛRE QUE CE SOIT TRÈS ÉQUITABLE!
UN GARDE DU CORPS.
JE VOUS AVAIS BIEN DIT QUE JE LE DIRAIS À MON FRÈRE!
EUH... DEMI-FRÈRE SEULEMENT!!!
RAGE
UN PUNCHING-BALL?
ALORS, ÇA VIENT, CETTE SURPRISE?
ÇA ARRIVE... FERME BIEN LES YEUX SURTOUT!
JOYEUX ANNIVERSAIREUUU!!!
LA MOITIÉ D'UN CON?
TOI, JE NE SAIS PAS SI TU ES MON DEMI-FRÈRE, MAIS JE SUIS CERTAINE QUE TU ES ENTIÈREMENT DEMEURÉ!!!
BEN QUÔA?
!
GRILLÉ BREAD
42

QU'EST-CE QU'UNE DEMI-SOEUR?
POUR 99,9% DES GARÇONS, LA DEMI-SOEUR EST UNE IDIOTE DANS 100% DES CAS. QU'EN DISENT LES AUTRES ?
UNE MEILLEURE AMIE.
BEN QUOI, ON DIRAIT QUE TU N'ES PAS HEUREUX DE JOUER LE RÔLE DE MEILLEURE AMIE ?
?
SNIF...
UNE INFIRMIÈRE.
BON, JE NE VOIS PLUS QU'UNE SOLUTION : JE VAIS DEVOIR AMPUTER !
UNE COIFFEUSE.
MAIS ENFIN, ANOUCHKA, QU'EST-CE QUI T'A PRIS ?
BEN, J'AI MANQUÉ DE TEMPS, C'EST TOUT. SI TU M'AVAIS LAISSÉE FAIRE, J'AURAIS PU TOUT RASER !
UNE PSY.
SNIF... ET C'EST À LA RÉCRÉ DE 10H00... SNIF... QUE SABRINA M'A PLAQUÉ !
C'EST RIEN... UNE DE PERDUE, DIX DE RETROUVÉES...
ÇA FERA 50 EUROS... TU PRENDRAS RENDEZ-VOUS AVEC MA SECRÉTAIRE POUR LA SEMAINE PROCHAINE.
UNE DEMI-EMMERDEUSE ?
BON, ANOUCHKA, ON T'ATTEND !!!
OUI... ROOO... ÇA VIENT... SEULEMENT J'HÉSITE. EST-CE QUE JE METS LA ROBE ROUGE OU LA NOIRE ? LA ROUGE ME BOUDINE UN PEU... D'UN AUTRE CÔTÉ, LA NOIRE DATE DE LA SAISON DERNIÈRE... ET SI JE METTAIS PLUTÔT MON PANTACOURT...
QU'EST-CE QUE ÇA PEUT FOUTRE ? DE TOUTE FAÇON ON VA AU CINÉ... IL FERA NOIR !
43

LA FAMILLE RECOMPOSÉE AU QUOTIDIEN
MALGRÉ LES QUELQUES PETITS DÉSAGRÉMENTS ÉVOQUÉS AU LONG DE CES PAGES, LA FAMILLE RECOMPOSÉE DEMEURE UNE GRANDE ET BELLE AVENTURE AU QUOTIDIEN... DU MOINS POUR CEUX QUI SURVIVENT.
LA FAMILLE RECOMPOSÉE, C'EST : PLUS DE CONVIVIALITÉ...
PSCHHH!
WC
?
...PLUS DE SOLIDARITÉ ...
#
!!!
...PLUS DE PARTAGE...
...PLUS DE COMMUNICATION...
BOUCAN
BOXON
BAROUF
RAFFUT
BIG BAZAR
44
...ET SURTOUT...
...PLUS DE BONS SOUVENIRS !
?
POTACHE & L. BORDIER 2007

# NOUVEAU !
## Une collection de guides pour les juniors !

VENTS D'OUEST

# Les Guides en BD

# Les Guides junior en BD :

# Les Guides en BD présentent :
# Drôles d'Histoires de...

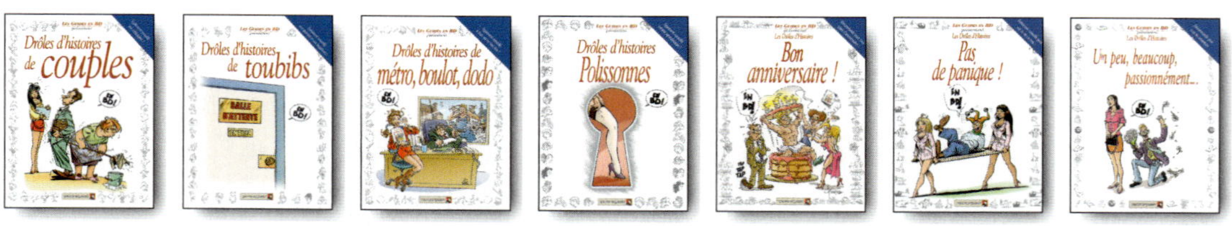


# Les Mini-Guides en BD

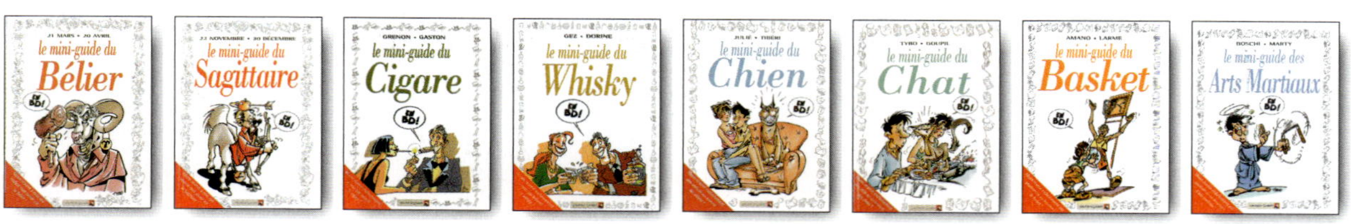

# RECOMPOS
# VOTRE FAMILLE